更年期妈妈和青春期女儿的健康百科

主　审 | 祝益民

主　编 | 吴颖岚　朱丽琴

副主编 | 吴　湘　舒楚强　肖立新
罗　岚　穆仪冰　张　丽

编　委 | (按姓氏笔画排序)
王玉婷　王映霞　尹　红
田　畦　任诗帆　刘　巧
杨　景　杨岢岚　肖丽娜
余　杨　张帅轩　张江霖
陈　黎　陈　霞　苗　冰
段甚佳　高　洁　唐　密
唐　毅　黄　欢　黄美华
韩　婷

湖南科学技术出版社 · 长沙

我不懂，也不知道该如何去爱女儿

晚上，我陪妈妈看电视剧《我们的日子》，剧中正在读初中一年级的女主王雪花来月经了，她很害怕，不停地问妈妈："我生病了吗？我会不会死？"妈妈笑着告诉她："我家闺女是真正意义上的女人了。"电视上的妈妈在手把手教雪花怎样叠卫生纸，母慈子孝，温馨动人。

我和坐在身旁的妈妈展开了如下一段对话。

我："您知道我以前什么时候来的月经吗？"

妈妈："我不知道，因为你没告诉过我。"

我："您问过吗？"

妈妈："我也不懂，以前也没想过问你。后来我看电视多了，很多电视都会有这些情节，我才发现自己从未关心过，从来没问过，我真的好后悔，一直担心你和你姐姐会怪我。"

我："那时候，我有什么烦恼，在想什么，您都不知道。"

妈妈："我3岁就没有妈妈了，来月经的时候我什么也不懂，还是年龄大的同学教我怎么处理，后来发育的时候胸长得很大，穿衣服觉得很不好看，就自己找旧布条裹住。可是我真的好笨，生了两个女儿，都没有问过这些，你们怎么处理的我也不知道。我总是想对你好，可是你那时总和我对着干，有一次我都气哭了，我真的不懂怎样对女儿好。"

妈妈说着说着流泪了，我又只好安慰她："别提以前的事了。"

年过50的我，背过身去，忍不住哭了起来。我清楚地记得第一次胸部发育的窘迫，记得第一次来月经的狼狈，记得第一次在大巴车被人调戏的羞愤……年少时的我，不知该向谁求助，也羞于说出口。高中时，我偶尔一次和同学聊天，说想当医生，却被自己暗暗喜欢的男生讥讽，这激起我刻苦读书的热情，后来竟然如愿以偿成为医生。

在我的门诊，有个女生28岁从未来过月经，我问她为什么没早就医，她说从小和妈妈关系不好，一直不敢说，也不敢问。有个女孩子初潮后流血断续1年多没有停，我问她为什么不早来就医，她很委屈地说："我妈妈告诉我这是正常现象。"有个高三的女孩因腹痛就诊，半小时后一个男婴呱呱坠地，女孩竟然说她要去上课……

太多的妈妈不懂得怎样爱女儿，太多的女儿缺少妈妈爱的指导，而爱的指导需要科学的知识才能迭代传递。从2005年开始，我利用各种机会开展青少年的生殖健康教育，开展女性健康科普，开展女性更年期健康指导，希望尽自己微薄的力量去帮助这些妈妈和女儿，其实也是在弥补我年少时的缺憾。

吴颖岚

2023年10月16日

目录

第一篇　心理篇

第二篇　青春期保健篇

第三篇 月经篇

第四篇 乳腺保健篇

第五篇 营养篇

第六篇 更年期保健篇

第七篇 疾病防治篇

第一篇
心理篇

第一节 青春期遇上更年期

母亲:“你经常把房门关起来，不愿意与我们交流，我不知道该怎么办。”

女儿:“不是我不愿意交流，每一次还没开口您就满嘴大道理，我这里也不好，那里也不好，既然这样，那还有什么好说的。”

母亲:“我吃过的盐比你吃过的饭还多，我是为了你好!”

女儿:“总是说为了我好，你考虑过我的感受吗?”

母亲:“我和你爸辛苦工作，都是为了你，你一点都不知好歹!”

女儿再次陷入沉默，双手一摊，无奈地看着医生。

医生说

孩子进入青春期后，面对家长的管教，他们叛逆、任性、一点就着。用英国心理学家温尼科特的话来说："我种了一个小宝贝，却收获了一枚炸弹！"

青春期孩子为何如此易怒？青春期孩子的大脑边缘系统已发育成熟，而前额叶皮质的发育时间相比其他脑区更长，直到25岁之后才会成熟。边缘系统一般主要负责情感和情绪的产生。前额叶皮质负责决策和自控等较高层次的思考，以做出理性的行为和决策。但在青春期，这两个脑区的发育程度并不匹配。青春期孩子情绪不稳定，情绪调节能力欠缺。

孩子在婴幼儿时期，来自父母的关怀和照顾非常重要。青春期的孩子，如果父母依然以原来的方式和他们相处，则冲突不断。青少年期的主要任务是建立一个新的同一感或自己在别人眼中的形象，以及他在社会集体中所占的情感位置。心理学家埃里克森曾提到：如果一个个体感到他所处的环境剥夺了他在未来发展中获得自我同一性的种种可能性，他就将以令人吃惊的力量抵抗环境。这个阶段的青少年特别需要尊重和理解。埃里克森人格发展八阶段理论见表1-1。

表1-1 埃里克森人格发展八阶段理论

阶段	危机	解决	未解决	品质
婴儿期	基本信任对基本不信任	需求得到满足的信心	由不确定的满足导致的愤怒	希望
儿童早期	自主对羞怯和疑虑	来源与自我控制的独立	由被控制导致的疏远	意志力
学前期	自主对内疚	作用与欲望、冲动和潜能	良心一直追求	目的
学龄期	勤奋对自卑	集中注意力与"工具世界"	缺乏技能和地位	能力
青春期	同一性对同一性混乱	确信一致性可由他人看出	先前同一性发展失败	忠诚
成年早期	亲密对孤独	与他人的同一性相融合	没有亲密关系	爱
成年期	繁殖对停滞	对社会和社区做贡献	自私自利	满足感
成熟期	整合对失望	情感的整合	失望	智慧

而更年期的母亲，容易出现缺乏耐心、烦躁易怒等问题。根据临床上的大量观察以及相关的研究都发现：良好的亲子关系是青少年叛逆心理的一剂良方，也是缓解更年期不良情绪的缓冲区。

那么，青春期与更年期相遇，怎么办呢？

多懂“医”点

一、怎么做才能建立良好的亲子关系

1. 父母共情式回应

回到本篇的母女沟通，每当孩子诉说自己的烦恼时，母亲都是在指责、大道理压迫或者负面评价。作为心理医生，能够深深地感受到母亲的委屈与无奈，理解当妈妈的不容易，付出如此之多，孩子却毫无感恩之心；也深深看到女儿的伤心与绝望，母亲的每一句话都推开了自己，直至最后关上了心房。那什么是“共情式回应”呢？这也是门诊中很多父母会问我的问题。共情式回应对很多家长来说是陌生的，总体而言，它是指以不让孩子感到被羞辱的方式与孩子沟通，对孩子予以理解、接纳与尊重。一个孩子常常在情绪上、感受上被理解和接纳了，行为上才会产生改变。其实青春期孩子激烈的情绪背后往往隐藏着长大的密码。

我们以母女间的对话来给大家示范共情式沟通。

女儿：“总是说为了我好，你考虑过我的感受吗？”

母亲："我和你爸辛苦地工作，都是为了你，你一点都不知好歹！"（潜台词：你太不懂事了，继续批评，不体谅父母的艰难，让孩子内疚。）

母亲共情式回应："你觉得妈妈常常忽略你的感受，没有尊重你和理解你，是吗？"

2. 父母与孩子之间要有边界

有一类父母，总是担心孩子这做不好那做不好，所以时常提醒；有的母亲为了督促孩子好好学习，家里会装上监控；有的母亲担心孩子结交坏人，会禁止孩子使用手机；有的母亲怕女儿受到欺负，禁止女儿穿裙子……这些行为都会让亲子关系雪上加霜。孩子不是我们的附属品，绝对的控制会影响其作为独立个体的成长。因此，我们应在保证安全的基础上适当地保持边界感。边界感可以帮助孩子发展独立的能力，也给了孩子一定的自由，让孩子学会如何尊重他人；边界感还可以让孩子获得成就感，使其体验到自己掌控人生的快乐，同时也培养了孩子的自信。

3. 接纳孩子、相信孩子

很多青少年的父母常常指责孩子这个不行那个不行，认为孩子没经验，恨不得把自己所有的经验全部强加给孩子。其实任何技能的掌握都是需要一个过程的，任何人不可能生来什么都会，要允许孩子犯错试错，允许孩子所谓的"做不好"。父母过多的否定和指责会深深挫伤孩子的自信，孩子长大后可能会因过于追求完美而一事无成。

二、如何与更年期妈妈相处呢

更年期的妈妈在身体、心理上都发生了变化，通常会出现情绪波动等。在这个时期除了督促妈妈及时看医生之外，我们首先要理解妈妈的状态是特殊的生理时期带来的，多陪伴妈妈，对妈妈说的话要耐心、认真倾听。一方面可以尝试理解妈妈的困扰，即使不能陪伴妈妈也不要动辄指责和奚落，另一方面可以鼓励妈妈发展一些她自己能接受的兴趣爱好，帮助妈妈平稳度过这一特殊时期。

第二节 亲子关系

母亲："多吃点，这个西兰花营养价值很高，来来来，妈妈夹给你。"

女儿："你怎么又给我夹菜？我都17岁了，吃什么我自己不知道吗？烦死了。"

爸爸："今天是妈妈生日，你怎么一点都不懂礼貌，毫无孝顺之心，妈妈给你夹菜是关心你。"

女儿："夹菜是夹菜，生日是生日，为什么要混为一谈？"

妈妈："你为什么动不动就发脾气？"

女儿："我也不想发脾气，都是你们逼的。"

爸爸："我们看张医生怎么说吧。"

注：以上的案例是来自临床的真实案例，为保护患者隐私，已做一定处理。

医生说

虽然案例中的女儿已经17岁，但是吃什么做什么，父母常常无意之中按自己的意愿来。很多家长在教育孩子的时候常以成人的眼光去要求孩子，什么该做，什么不该做，父母总是认为——我这样做都是为了你好，但这样的好心往往忽略了孩子自己的感受，收获的往往是一段让人失望的关系。屡次交流碰壁，可能导致亲子的交流以争吵结束，也可能让彼此渐渐关上心房。

那么如何听出孩子话语的潜台词呢？如何说到孩子的心坎里呢？

首先，要学会倾听。给孩子时间去表达自己，允许孩子把话说完，尊重孩子的话语权。当觉得孩子的想法不对或比较荒谬的时候，不要急着否认和批评孩子，可以好好了解孩子为什么这么想。

其次，在与青春期孩子的交流中，家长要善于观察孩子的非言语信息，比如通过语气、姿态、微表情了解孩子到底怎么了。

前面提到改善亲子关系的方法之一是共情式回应。在相互理解中，有助于孩子发展自己解决问题的能力。

在与孩子的交流中，青春期孩子独有的生理和心理特征，需要我们把他/她当成独立的个体，在乎他/她的思想与感受，在乎他/她的立场。我们并非高高在上的家长，权威与压制只会让孩子和我们疏离，但这并不意味着一味迁就孩子。我们与他/她是平等的朋友，这样有助于和孩子建立信任的关系，在良好的关系里才能探讨出解决方案。

多懂"医"点

在亲子关系中，语言的暴力无处不在，如批评、奚落、否定、说教、指责等。如果你曾被语言伤害或者伤害了别人，如果你的表达总是让孩子或父母反感，非暴力沟通将会给你打开一扇不一样的沟通之窗。

一、生活中常见的暴力沟通模式

1. 道德评判，上纲上线

开篇给大家分享的案例里，因为孩子拒绝母亲夹菜，被父亲扣上不孝顺的帽子。案例里的女儿温文尔雅，但因为拒绝家长对自己的控制，被从道德层面进行评判，非常伤心。

2. 总与别人比较，会对孩子的自尊心造成极大伤害

在比较里，孩子会对自己失望，这种情况生活里比较常见。

3. 回避个体的责任，会淡化我们应该承担的责任

有些家长会说"你必须要努力学习，这个社会就是这样"等话语，让孩子体会这是外界的压力，并非家长的意思。这样的说法似乎抛开了自己的责任，但即使是外界的要求这也是我们所提出来的，我们要为自己所说所行负责任。

4. 强势压制别人，把个人意愿强加在别人身上

案例里妈妈的行为并非个例，吃穿住行，部分父母对孩子有很具体的要求，但有的要求可能让孩子很抗拒。每个人都是独立的，喜好也是不一样的，强人所难只会推开沟通的机会，甚至给人带来心理上的绝望与创伤。

二、非暴力沟通是什么

卢森堡博士指出，非暴力沟通能指导我们转变谈话和倾听的方式。它涵盖了观察、感受、需要、请求四个要素，即能总结为一个非暴力沟通句式：我观察到+我感觉+是因为+我请求=非暴力沟通。通过非暴力沟通，我们不再条件反射式地反应，而会去明了自己的观察、感受和愿望，有意识地使用语言，既诚实、清晰地表达自己，又尊重与倾听他人。

妈妈看到孩子只吃一种菜，不急着给她夹菜，可以尝试着说："女儿，妈妈观察到你只吃一种菜，现在高中学习压力大，营养还是要均衡，这几种菜富含优质蛋白和维生素，你可以都吃一些吗？"

接下来给大家分享非暴力沟通的具体要点。

1. 观察事实

所谓观察事实，是对自己正在经历的事情，客观地进行描述，不能加上自己的主观臆断，不能把观察和评判混为一谈。比如："孩子只吃一样菜"是观察；而"她是一个挑食的人"就是评判。因为很多人说话都习惯先有个人的评判，但这种不客观的交流方法，很不利于亲子关系的经营。

2. 表达感受而非情绪性表达

说出一些行为，代替你内心产生的感受，很多人并不擅长这一点。比如夫妻吵架、亲子吵架时，常会说"我觉得你不爱我了，你不在乎我了"。这其实不是感受，而是你的想法。表达感受可以这样说："你的行为，让我很难受。"表达感受需要觉察与练习。学会表达情绪，而不是情绪性表达，让他人明白我们的内在真实感受，从而更了解我们的需求。

3. 表达需要

感受源于我们自身的需要，在表达完感受后，我们可以说出自己的真实需要。指责、批评、评论往往暗含着对他人的期待与需求。如果我们通过批评、愤怒来表达需要，对方感受到的是攻击，这会激起对方的防御。反之，如果我们直接说出需要，其他人就较有可能做出积极的回应。

4. 清晰具体地表达请求

想要得到积极的回应，一般需求表达得越具体越好。比如：母亲对孩子说，"我需要你孝顺一点"。这个表述就比较含糊，如果这样说："对妈妈做的事，如果你不满意，我希望你直接告诉妈妈你的想法是什么。"越清晰的请求，越能得到有效的反馈。说出请求时，我们还要注意语气，免得被别人误以为是居高临下的命令。

观察、感受、需要、请求，是非暴力沟通的四大要点，也是我们人际交往的有效工具，多加觉察、多加练习，借助这四个要点清晰地表达和提升自己，用不带伤害的方式化解人际关系间的冲突，大概率会收获一个良好的夫妻关系、亲子关系。

第三节 怎么变得这么情绪化了?

妈妈端着水果走进女儿房间:“女儿,吃葡萄,妈妈给你洗好啦。”

女儿不耐烦地望着妈妈:“怎么又不敲门!我不想吃了,你自己吃吧。”

妈妈:“干吗这么大脾气?”

女儿:“我想自己待着,别老是进我房间。”

妈妈:“你太情绪化了,妈妈已经不知道要怎么跟你相处了。”

女儿沉默了,心里的独白是:“我也不知道我怎么了,我也不知道要怎么跟自己、跟你们相处。”

医生说

情绪化似乎已成为青春期代名词。青春期孩子面临最多的困惑就是:“我是谁”“我有什么价值”“我值得被爱吗”。他们既依赖父母的帮助支持,又想脱离父母实现独立自主;而父母既希望孩子独立,又担忧孩子不成熟造成过失,这些冲突常常引发家庭矛盾,破坏亲子关系。

(1)叛逆的态度:孩子想要自己做主,证明自己的力量。常常认为父母的看法是错的,爱与父母争论,通过各种行为证明自己是正确的。如果父母不能理解和支持,孩子常常会用沉默或者撒谎以示抗议,甚至会用带有侵略性的语言或者暴力行为来向父母表达内心的无助和愤怒。

(2)友谊优先亲情:对于友谊的需求和重视在青少年期特别明显,对于朋友的喜好和评价更为敏感及重视,喜欢与朋友相处,分享彼此的秘密,融入同伴团体。如果家庭关系不佳,就可能会为了赢得同伴的赞许和欢迎而甘愿违背家规校规,冲动冒险甚至放弃自我发展;友谊如果被背叛或抛弃,将对自我价值感带来巨大打击。

(3)以自我为中心:认为别人也会关注自己的思想和行为,认为自己是与众不同的,自己的经历是独特的,自己有更为独到精准的判断,规则是用来约束别人的,这也是青少年常常与父母争论的原因。

(4)优柔寡断:头脑中常常会产生很多种可能和选择,比如对于逛街还是做作业举棋不定,却缺乏有效的策略来做决定,或者害怕自己不能承担后果。在学业上可能呈现出波段性厌学态度或学习成绩的波动,这在父母看来常常是孩子言行不一或者容易放弃所造成的。

多懂“医”点

青春期激素变化，会带来骚动和矛盾的感觉，孩子们感到失控，焦虑不安。他们强烈地想要搞清楚自己能做什么，并最先尝试着在父母面前“测试”自己的力量，父母无疑会感受到孩子对于自己权力的一种挑战。避免这种权力之争的关键在于——父母跟孩子建立和善而坚定的关系。当孩子与父母发生冲突时，建议父母尝试以下方式帮助孩子。

(1)确保孩子知道父母的爱。这在父母看来是毋庸置疑的，但当被父母责骂、说教、纠正、盘问、贬低或者忽视时，孩子体验到父母的爱是有条件的，他们会认为只有按照父母要求去做父母才爱他们，这会造成存在感的危机，并衍生出说谎、逃避、对抗等不良行为。

(2)保持好奇心，倾听并共情。带着好奇心去倾听并启发式地询问，尊重并理解孩子的情绪，可以帮助青春期的孩子探究发生了什么，以及能够从中学到什么。相比于直接告诉孩子怎么做可能引发的逆反，这样可以增强孩子的自主性和掌控感。

(3)共同制定明确的家规。心平气和地与孩子讨论，帮助孩子增强自我管理能力，明确拥有特权和自由时他们需要做什么，以及相关惩罚。把家规成文，所有人签字并坚决执行。

青春期的孩子正处在人生的煎熬期，他们正在努力认识自我，认识自己与父母之间的差异，可能给父母“走开”的错误暗示。实际上他们正是非常需要家庭的时候，父母若能稳住自己，以理解和尊重的方式引导、陪伴孩子的探索，孩子在这个过程中的痛苦就越少，并在之后能更好地回归家庭，认可家庭价值观。

第四节 我也想成绩好一点

女儿：“妈妈，我不是读书的料，我除了吃饭睡觉几乎所有时间都在学习，可月考排名并没有什么进步。”

妈妈：“我看到你常看手机，是不是不够专注，效率不高呢？”

女儿：“老说我看手机，可我有时候是查资料，有时候是跟同学谈论题目，或者听一会歌放松一下，这也有错吗？除了手机还能说点其他的吗？”

妈妈：“妈妈确实不知道是什么原因使你没有取得想要的进步，我们去找专业的医生了解一下吧。”

医生说

孩子学习成绩不理想，家长会觉得孩子偷懒，或者没有自控力。实际上，沉迷于游戏或者小说可能是孩子无法应对学业困难，逃避现实痛苦的无奈之举。以下几个方面都会对青春期孩子的学业产生重要影响。

（1）学习能力：中学阶段科目增多、难度增大，对学习能力要求明显提高，学习能力包含注意力、记忆力、反思能力、表达能力、思维灵活度等很多方面，青少年能够根据不同科目的需求调用自己的各种能力，发现适合自己的学习方法，学习就是比较轻松和有成就感的，反之则很辛苦和痛苦。这个阶段很需要家长引导孩子找到适合自己的学习方法和策略。

（2）学习动力：父母这一辈“读书改变命运”的信念已难以成为现在青少年学习的动力，他们需要自己去发现对他们来说什么是重要的，知道自己为什么重复做练习、不停地考试，并在这个过程中收获价值感和成就感，才会有坚持下去的动力。

（3）心理状态：最为重要的是对于学习的自我效能感，效能感强的学生能够规划自己的学习，制定可行的目标，遇到困难时积极寻求帮助，相信自己能够成功地完成任务。另外一个易被轻视的是孩子的情绪状态，当青春期孩子遭遇一些挫折事件，如同伴孤立，老师打击，父母离异，亲人离世等都可能引发焦虑抑郁情绪。如果负面情绪未被有效疏解，会伤害孩子的身体，出现睡眠困难，饮食不调，注意力不集中，记忆力减退，思维迟缓等症状，无法在学习上付出有效的努力和行动。

多懂"医"点

很多研究指出，自我效能感强是学业取得成就的预测指标，那怎样帮助青少年培养自我效能感呢？

（1）制定小目标，增加成功的体验。在学习过程中，将大的目标策略性地分解为容易达成的小目标，既能使目标具体可操作，又能通过小目标的达成不断累积成功体验。

（2）榜样的力量。观察那些与自己有相似之处的人如何成功操作，有哪些能力是自己可以发挥的，有哪些失败的经验是可以借鉴、避免的，仿佛有一个人在带着自己探索，也可以增强自我效能感。

（3）父母的教养风格。权威型教养风格的父母会引导孩子看到事物的两面性，允许孩子表达自己的意见，欢迎孩子参与家庭决策，帮助孩子发展并体验自己解决问题的综合能力。非权威型教养风格父母的孩子更可能把成绩差归因于外部原因或一些不可控的因素，而非自身的努力，由此而滋生出来的无助感，会阻碍孩子努力去取得成功。

第五节 我不能好好吃饭了

妈妈："女儿，出来吃晚饭了。"

女儿："我不吃了，怕长胖。"

妈妈："你中午也只吃了一点点，不吃东西怎么有能量去学习。"

女儿："可是如果我吃了，就会很难受，觉得长胖了很可怕，一定要到厕所把吃的东西吐出来才能安心。吐的时候很难受，可是我也控制不了。"

妈妈："这个情况持续多久了？难怪感觉你越来越瘦了！"

女儿："断断续续快半年了，我也想好好吃饭但做不到，妈妈你带我看看医生吧。"

医生说

进食障碍（主要是神经性厌食症和暴食症）已越来越常见，尤其是在13~19岁的青春期女孩中高发。很多身体发育较早的女孩对自己的体型不满意，加上现在许多媒体的宣传倡导“以瘦为美”，越来越多的女孩害怕超重，加入节食的队伍。

过分关注体重控制可能是进食障碍的征兆。进食障碍有高致死率和致残率，但是许多患者要么没有就诊，要么没有接受治疗。如果青少年出现短时间内体重明显改变、节食或暴饮暴食、过分在意体型和体重、呕吐、情绪低落、远离朋友或家人、停经，或者感觉寒冷，就要考虑进食障碍的可能。

进食障碍会对青少年产生严重后果，例如情绪低落、自我否定、脾气大、焦虑、回避社交甚至可导致出现自杀想法及行为。他们的注意力都转移到体重和身材上而不关注其他方面，会导致青少年患者的价值观发生改变。生理上，进食障碍如未得到及时治疗，会造成不可逆的躯体损害。

多懂“医”点

由于进食障碍所致的躯体损害和心理障碍较大，青少年患者均应尽快至精神心理科就诊，治疗开始得越早疗效越好。家庭治疗在青少年进食障碍的治疗中有着不可取代的地位，其特点是把进食障碍的症状放到家庭的背景中，看到症状所起的作用，探索家庭成员的互动模式，鼓励家庭成员做出改变，以改变整个家庭系统。在青少年进食障碍患者的日常康复中，良好的家庭关系可以使患者远离食物的压力和负担，将注意力转移到喜爱的活动和健康的人际互动中来。家庭尽可能做到规律进食和平衡饮食，避免经常称重和其他形式的体型关注，以免强化患者关注自身体重和身材的观念。

第六节 我的好脾气去哪里了？

女儿：“医生您好，我妈以前性格很好，但这两年，特别容易不耐烦、发脾气。后来，不想出门，感觉话都少了。前几天还跟我说要是她想不开，要我照顾好自己，把我吓住了。”

医生（对着妈妈）：“你能自己说说看吗？”

妈妈：“是啊，我自己都觉得奇怪。有时一些小事，明知道没必要，但情绪一来自己根本控制不住。身体也动不动不舒服，不太想和人打交道。”

医生：“还有吗？”

妈妈：“这半年感觉说话都很累，好像也没什么值得不高兴的事，也开心不起来，有时觉得这样活着没意思。”

医生说

这和更年期情绪变化关系较大。

更年期雌激素缺乏，影响情绪调节，容易出现记忆力下降、注意力难以集中、负性认知增加等。如果身体不适，还会加重负面情绪，自我调节很难奏效。

情绪及身体的各种变化，又会影响到自我评价、社交活动、家庭关系等方方面面。当叠加相关因素，如以前有抑郁焦虑，工作变化，子女关系冲突，亲人患病或去世等，往往会引起较严重的情绪问题。

“年龄到啦，都这样”“忍一忍就过去啦”的安慰，往往忽视、否定了更年期女性的痛苦感受。此外，女性往往需要兼顾工作和家庭，较为“操心”，容易“焦虑、想得多”等；社会上对于更年期女性情绪波动还存在一定程度的贬低，会把发脾气的人说成“更年期”“母老虎”等。这会增加女性病耻感，下意识地自责、压抑，使得坏情绪雪上加霜。

因此，更年期女性的烦躁、低落绝不是空穴来风，而是事出有因。她们自身是很痛苦的，需要身边人的理解和帮助。

多懂“医”点

一、我脾气不好了，怎么办

1. 理解接纳一定程度的变化

更年期女性容易出现缺乏耐心、抑郁焦虑情绪、失眠问题等，但这不是“我”的问题，我们需要的是帮助、理解与支持，切不可自责、压抑。

2. 适当地表达情绪与需要

感受没有对错，每个人都有负面情绪。适当地表达自身的身体、心理的不适，向家人、朋友寻求理解与帮助，承认我们需要更多的关心、照顾和支持。

3. 适度运动、适度社交

适度运动有助于改善情绪及自主神经功能紊乱症状，高质量的人际关系是不良情绪的缓冲区。在自己能够接受的范围，循序渐进，量力而行，可从自身的特点出发尝试参加老年大学、广场舞、瑜伽、传统养生功法（八段锦、太极拳）等。

4. 必要时寻求专业帮助

当自我调节、家人支持无法帮助你处理相关生理、心理困扰时，请尽快寻求专业帮助。通过专业的、个体化的评估、指导和治疗，能够较快达到改善的目的。

二、妈妈老是情绪不好，怎么办

1. 看见是疗愈的开始

当个体经历心身困扰，容易烦躁、低落，身边人也会感到吃力、不满，甚至指责。但冷静下来，我们要知道，这不是“她”们的错。她很脆弱，但她也没办法。更年期既需要自我修复，也需要家庭成员的帮助、社会的关注。理解、看见就是疗愈的开始。

2. 带着尊重的态度给予帮助

当我们给予帮助的时候，要考虑“她”的感受，不宜过于勉强。比如本来很内向，却勉强她大量社交；本来不爱活动，却勉强去做高强度运动等，可能使她更加自卑、疲惫，引起适得其反的效果。

3. 帮助“她”建立科学认知

很多遭受困扰的女性，并不知道可以去医院解决问题，对于心理问题尤其回避。当发现更年期妈妈的各种情绪问题时，应该以她能够接受的方式，提供权威的建议和科普信息，尽早带她到专业机构就诊。

三、什么情况下，该带妈妈去医院

当发现妈妈出现一些情绪或身体困扰，无法自行调整，就不要仅寄希望于“熬一熬就好了”。尽快到专业的妇幼保健机构或心理专科就诊，医生会根据具体情况进行治疗，避免严重后果。

情绪方面比较常见且严重的问题是更年期抑郁，更年期抑郁症的发生率是绝经前的4倍，有50%的女性在这一阶段会出现抑郁症状，26%达到诊断标准；对于有抑郁既往史的女性，风险进一步升高。当持续出现情绪低落、兴趣下降、精力下降，伴或不伴有身体疼痛、注意力下降、无望感、自责自罪，甚至有轻生念头等症状超过2周以上时，需考虑有更年期抑郁症的可能，一旦出现幻觉、妄想，有自杀计划等更加需要立即就诊，必要时需要住院治疗。

中医说

中医认为处于更年期的女性肾气渐衰，如果平时身体素质不好，性格偏内向、抑郁，则极易导致肾脏的阴阳失衡。中医一直认为“肝肾同源”，意思就是说肝和肾都来源于一个“爹妈”，因而肾阴或者肾阳的亏虚也会导致肝血不足，从而不能供给肝足够的养分，使肝调节情绪的作用不能正常发挥，导致肝气郁结、烦躁易怒。因此以前温柔可人的女神一旦处于更年期也可能变成让人不敢惹的“河东狮”或者“母老虎”。

一、更年期怎样控制自己的坏脾气

(1)注意调节情绪，多回忆自己开心的经历，保持情志舒畅。

(2)适当进行户外活动或者集体活动，跳广场舞、爬山、练太极、散步、旅游等活动都是非常不错的选择。

(3)生活规律，劳逸结合，不要过于劳累，避免长时间的脑力劳动，避免精神压力过大。

(4)保证充足高质量的睡眠，以免因睡眠不足加重不良情绪。

(5)可选择性地听一些轻音乐，以促进情绪的平和。

二、据说吃甜食心情会变好，更年期也适用吗

(1)吃甜食会让心情变好没错，但是更年期妇女处于中老年过渡期，脾胃功能相对来说有所下降，代谢功能也比不上年轻时，所以饮食上建议以清淡、易消化为原则，多吃五谷杂粮，避免吃油腻、过甜、味道重、难消化的食物。

(2)饮食上可选用甘麦大枣粥(甘草15克先煎水去渣，放入小麦50克、大枣10枚，煮粥食用)、枸杞桂圆大枣茶等食疗方；也可食用佛手、柑橘、玫瑰等具有芳香气味的食物，能疏肝解郁，缓解不良情绪。

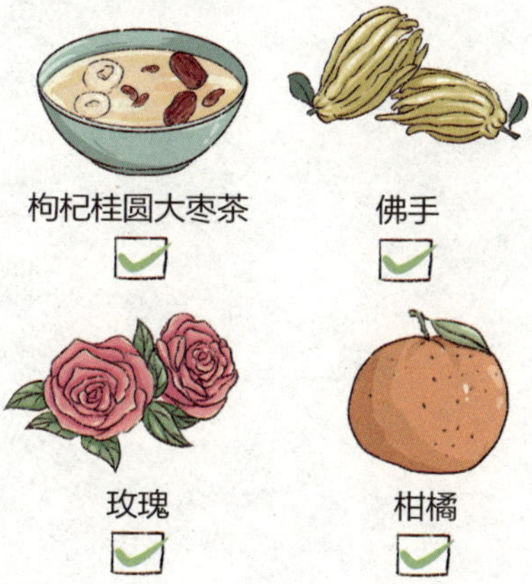

三、更年期脾气不好可以采用中医治疗吗

更年期情绪烦躁易怒，可采取服用中草药、中成药、中医外治法（如耳穴压豆、穴位按摩等）单用或者合用，效果都不错。耳穴压豆可选神门、肝、肾、皮质下、内分泌等穴，按摩可取太溪、三阴交等穴。

第七节 谁偷走了我的睡眠?

妈妈:“医生，这两年我的睡眠就没怎么好过，晚上睡不着，感觉人都老了。”

医生:“你年轻的时候睡眠怎样?”

妈妈:“挺好的，现在我泡脚、吃营养品、喝牛奶，能试的都试了，还是睡不好。”

医生:“你每天几点上床呢?”

妈妈:“上床挺早的，一般9点不到我就上床了，半夜1点才能睡沉，5点多又醒了，一般会躺到七八点，感觉像没睡一样。”

医生:“会影响白天生活吗?”

妈妈:“那倒没有，不过感觉精神不太好。一般中午会再补个觉，能睡一个钟头。医生，你看我这个睡眠还有救吗?”

医生说

更年期伴随的雌激素下降可能引起睡眠问题，潮热、多汗、情绪不佳、泌尿系统问题等也可能影响睡眠。研究显示，睡眠障碍在围绝经期的发生率可达到30%~46%。

长期睡眠不规律或缺乏，会引起精力不足、精神心理痛苦、记忆力下降、免疫力下降等。是否睡得越多越好呢？并非如此。根据美国睡眠医学会推荐：成人（19~64岁）的睡眠时间应在7~9小时。睡眠本身是放松的过程，过度关注反而会加重失眠。总的来说，只要不影响白天的生活，睡眠就没有太大问题。

一、睡眠变少了，怎么调整

1.接受改变

随着年龄增加、更年期到来，睡眠时间有所减少，睡眠中断次数有所增加，是常见的变化，只要没有明显影响白天的生活，就没有太大的关系，尽量接纳变化。过度关注睡眠，强调睡眠时间，反而会加重失眠现象。

2.转移注意力

把注意力放在白天生活的安排和活动上，作息规律，适度活动、适度社交。

3.营造适宜睡眠的环境

营造较舒适的睡眠环境，如灯光、窗帘、温度、湿度、床品等，选择适合自己的睡前放松方式，如洗澡、泡脚、按摩、瑜伽、看书等。如果对声音较敏感，可选择隔音窗帘或戴耳塞，如果爱人打鼾有所影响，可督促其及时治疗或分房睡。

4.必要时寻求专业帮助

若自我调整难以达到满意的睡眠，建议寻求专业的帮助，到更年期保健门诊或心理门诊就诊。同样是失眠，程度不同、原因不同，处理方法也不同。很多问题会影响睡眠：睡眠障碍，如失眠；情绪障碍，如抑郁症、双相情感障碍；躯体疾病，如慢性疼痛、呼吸系统疾病、消化不良、肥胖、鼾症、更年期综合征、帕金森病或老年痴呆等，这些疾病往往和睡眠质量差互为因果，容易恶性循环。个体化的问诊能够尽快找到问题所在，联合应用药物治疗与认知行为治疗能有效改善失眠，必要时还要转介至相关专科对因治疗，协助解决问题。

二、早早上床睡觉，就是睡不着，怎么办

这和睡眠知识和行为的误区有关，见表1-2。

表1-2 睡眠误区与正确认知

错误认知	正确看法
到点就上床，睡不着也要躺着。	长期失眠往往会导致床与睡眠失去关联，甚至发展到上了床就想："今天会不会又睡不着了。"需要重建床与睡眠的联系，才能改善失眠。建议等困了再上床。
昨晚没睡好，今天要早点上床。	睡眠有其生物钟，如果习惯了23点睡觉，21点上床是睡不着的，翻来覆去只会更加难受；卧床时间久，睡眠体验糟糕，睡眠质量下降。建议按照日常的睡眠时间准备入睡。
睡不着，在床上看手机很久。	大脑通过接收外界光信号做出反应，分泌褪黑素调节睡眠。持续的光照刺激，会使大脑兴奋，缺乏睡意，正确的做法是在睡前1小时，尽量降低非自然光线的强度，如调暗房间灯光、看纸质书等，不要在床上做与睡眠无关的事。
晚上做了梦，没有睡好。	做梦并不代表没有睡好。更年期可能存在觉醒次数增加、睡眠持续时间减少，如果不是经常做噩梦，即使中间醒来，10分钟内能够再次入睡，都不影响睡眠质量。
晚上没睡好，白天要多休息少活动。	白天的活动、代谢等也会影响睡眠，充分的活动劳作，适当动手动脑，有助于晚上的睡眠。
晚上没睡好，中午要多补觉。	深度睡眠的总量是有限的，如果中午补觉时间太长，会引起睡眠节律紊乱。针对晚间失眠的人群，不建议午睡，实在要午睡，建议控制在30分钟以内，在下午3点之前醒来。
如果某天睡不好，第二天就没有精力。	多项研究表明，偶尔一两天睡不好，不会明显影响次日的状态，身体有其代偿功能。对睡眠过度关注，反而容易形成负面心理暗示。
昨天9点上床，醒来多次，为了睡够8小时，躺到9点才起床。	睡眠时间并非判断睡眠好坏的唯一要素，当卧床12小时（晚9点到早9点）只睡着4~5小时，让人更加有挫败感；过多的卧床时间会使得睡眠深度很低。建议固定早起时间，建立合理的睡眠期待。如希望有6小时的睡眠时间，则卧床时间控制在7小时左右，避免过多卧床。
之前都到1点才睡，今天起10点就睡。	生物钟建立后，提前2小时入睡往往很困难，建议可以按照每周提前半个小时的方式，循序渐进。
我今天一定要睡着。	睡眠是一种本能活动，"用力"的睡眠，放大睡眠的主观作用和睡眠变化的后果，往往会起到反作用，"越想睡越睡不着""睡不着也没关系，大不了今天不睡了"，反而容易放松下来进入睡眠，睡前放松训练也有助于睡眠。

三、听说安眠药会成瘾

针对慢性失眠，首选认知行为治疗。当需用药物助眠时，有多种选择，部分药物没有依赖性，部分药物短期使用也不会有依赖性。

针对急性失眠，药物治疗的目标是尽量减轻失眠产生的额外心理和生理压力，避免发展为慢性失眠。

需要长期用药，可选择依赖性低、身体危害较小的药物。相比长期失眠带来的心理痛苦、对身体的影响，必要的用药绝非洪水猛兽，而是更合理的选择。

中医说

中医认为“肾为先天之本”，更年期失眠则多见于肾阴虚。由于肾虚水亏不能压制心火，从而导致心神不宁，失眠多梦。

一、更年期失眠，吃好才能睡好

饮食宜清淡且营养丰富，食用高蛋白、高维生素、低脂肪、高钙的食物，如蛋、奶、鱼、虾皮、芝麻、牛肉、羊肉、瘦猪肉等。

失眠多梦者可选用具有安神作用的食物，如番茄、芋头、莲肉、桂圆、酸枣仁、豆制品等。

食疗方：①酸枣仁粥：酸枣仁50克捣碎浓煎取汁，粳米100克煮粥至半熟时加入酸枣仁汁，煮熟即可温服。②甘麦大枣汤：甘草20克加清水500毫升放入砂锅内，煮沸后小火煎至200毫升后滤汁备用，小麦100克、大枣10枚加水同煮至麦熟，加入甘草汁煮沸即可空腹温服。

失眠者禁烟、酒、茶及含咖啡因的饮料，忌食辛辣刺激及烧烤油炸食品。

二、更年期失眠，居家保健怎么做

按摩法：平时可按摩太溪、照海、三阴交等穴位来滋养肾阴、养生保健。

音乐放松法：睡前听一听节奏舒缓、曲调优美的音乐，如《小夜曲》《平湖秋月》等以达到舒缓精神压力、促进睡眠的目的。

泡脚法：可选用菟丝子30克，酸枣仁30克，茯神30克，远志30克，夜交藤30克，大青盐30克，煎水1500毫升，水温38℃~43℃，每晚睡前泡脚20分钟左右。泡脚时要严防烫伤。

第八节 到处不舒服，就是查不出来

妈妈：“医生，我看了不少地方了，怎么都治不好。停经1年了，老是胸闷、喘不上气，腿脚没劲，还常常打嗝，口干口苦，感觉自己得了大病。但是看了很多医生，推荐我来你这里查一下。但我觉得自己没有心理问题。”

女儿：“我陪妈妈在心内科、消化科、神经内科、中医院，能看的医生都看了，能做的检查都做了，10多万元肯定是花了，有时好有时不好，啥具体病也没诊断，保健品吃了一大堆，也没什么用。”

医生：“好的，我仔细看了、检查了，你的症状符合躯体化障碍的表现。”

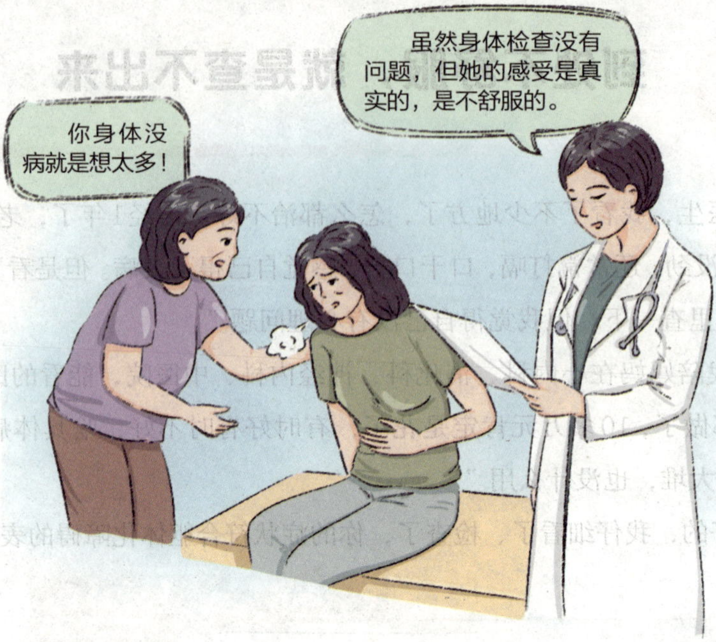

医生说

躯体化障碍是指心理冲突转化为身体的症状，常见于女性，表现为反复出现、时常变化的躯体不适，持续2年以上，难以查到相关疾病依据，又拒绝医生关于其没病的忠告或解释，注意力集中在其症状及不良影响上，过度使用消除症状的药物，往往会造成一定程度的社会和功能损害。

常见的症状包括胃肠道不适（疼痛、反酸、呕吐、恶心等）、异常的皮肤感觉（痒、烧灼感、刺痛、麻木感、酸痛等）、呼吸和循环系统疾病（心悸、心慌、胸闷、气短、咽喉异物感等）、妇科方面的问题。

躯体化障碍属于躯体症状障碍的一种。大多数正常人或患者能够适应其角色或症状，但患躯体症状障碍的患者往往表现为过度强调症状严重性、对健康或症状过度焦虑、过分关注以至于投入过多的时间和精力。尽管症状的发生往往与应激时间、内心冲突相关，但患者却常否认心理因素。

多懂“医”点

一、家人就有这样的症状，怎么办

1. 避免乱贴标签

躯体化障碍属于排除性诊断，需在完善相关的检查后，才能考虑。同时，症状背后有其特殊的功能性，但这个功能往往是潜意识的，患者自己也意识不到。因此，我们重视家人的症状是好事，但乱贴标签不仅不能帮助患者，还可能引起反作用。

2. 协助患者至有心理专科的医院进行诊疗

由于患者本身往往不太接受其症状与心理问题有关，而是选择到症状相关专科就诊。可到有心理专科的综合性医院进行诊疗，有经验的非心理科医生，能够识别并本着尊重、真诚助人的态度建议患者至心理科进行进一步诊疗，最终通过转诊、联合会诊等能够提高心理专科参与诊疗的可能性，提高专业心理治疗的接受程度。

3. 协助提供信息

躯体化障碍患者自身往往意识不到，也不认同躯体症状与心理因素的相关性。这时候，作为家属提供外部视角的所见、所思、所感，能够帮助医生更快地了解患者的生活状态、应对方式、互动模式、亲密关系等，能够更好地做出判断。

4. 配合医生开展规范治疗

患者本身存在顾虑副作用、不认可心理专科治疗的可能性，作为家人，需要督促、协助患者进行规范治疗，定期复诊。随着时间进展，当信任的关系逐步建立、治疗起效后，患者也能够更加相信医生的专业判断和治疗建议。

二、躯体化障碍是因为想得太多了吗

其机制目前尚不清楚。有几类心理社会因素可能与此有关，如存在忽视、虐待等创伤性成长经历、对身体及健康的认知异常、文化或环境对情感体验的忽视、自

我表达困难、家庭冲突等。无论是哪种因素，都不需要自责。症状作为潜意识的表达，并非意识能够控制。通过合理的药物治疗，如选择性5-羟色胺和去甲肾上腺素再摄取抑制剂类药物（SNRIs）文拉法辛、度洛西汀，选择性5-羟色胺再摄取抑制剂类药物（SSRIs）草酸艾司西酞普兰等均在临床治疗中有较好的疗效，能够显著改善躯体症状；通过规范的心理治疗，能够帮助患者将潜意识冲突意识化，进而改善情感表达、人际关系，减轻症状，避免复发。

第二篇

青春期保健篇

第一节 女孩身体的秘密

女儿：“妈妈，我最近和以前有点不一样了，是为什么啊？”

妈妈：“哪些不一样了？”

女儿：“你看，这里长了个小包，还有一点痛。”

妈妈：“哦！我的宝贝进入青春期了，要从小女孩变成大女孩了。”

女儿：“长大会有哪些变化啊？”

妈妈：“会长高，会有乳房发育，会来月经，其他的变化我们请教妇幼医生吧。”

医生说

青春期是一段快速生长发育的时期，是儿童到成人的转变期。世界卫生组织（WHO）定义10~19岁为青春期，受到激素分泌增加的影响，生理上发生明显的变化。青春期发育开始的标志是乳房发育，继而腋毛和阴毛出现，身高突增，骨盆变大，全身皮下脂肪增多，乳房发育2~3年后月经初潮。

多懂"医"点

乳房发育：乳房开始有硬块，并且会出现疼痛，随着年龄增长，慢慢变大。从最开始的仅出现乳头发育，逐渐出现乳头和乳腺从胸壁明显隆起，乳房直径增大、乳晕色素沉着，在14~17岁发育接近成年女性的乳房。

阴毛和腋毛出现：阴毛多在乳房开始发育后半年至1年间出现，多在11~12岁，腋毛多在阴毛开始出现后半年至1年间才发育。

月经初潮：女孩出现第一次生理性子宫出血时，称为月经初潮，是女孩性发育的重要里程碑。月经初潮通常发生于乳房发育2.5年之后，多在13~15岁，可早至11~12岁，迟至15~16岁。月经初潮年龄个体差异比较大，与营养、体质、健康、遗传、种族、地区、经济、文化和环境等因素有关。

生长加速：11~12岁青春期女孩体格生长呈直线加速，出现第二次生长发育高峰，平均每年生长9厘米，月经初潮后生长减缓，称为青春期的生长突增。

第二节 “蓓蕾”初绽，如何呵护它的健康？

女儿：“今天我在游泳馆碰到晨晨，发现她的‘咪咪’比我的大好多，这是为什么啊？”

妈妈：“晨晨进入青春期乳腺发育了吧。”

女儿：“青春期乳腺发育是什么？为什么她的大，我的小？”

妈妈：“这个我还真不知道，一起听听医生怎么说吧。”

医生说

女性青春期的第一个表现就是乳腺发育，一般乳腺的发育要较月经初潮早2~3年。乳腺的发育主要受雌激素、孕激素和催乳素的影响，在青春期可因为激素水平的变化，乳房激素受体敏感性的不同，出现乳房不同程度的发育，有的可能因过度发育表现为乳房肥大，有的可能因发育不良而表现为小乳症。

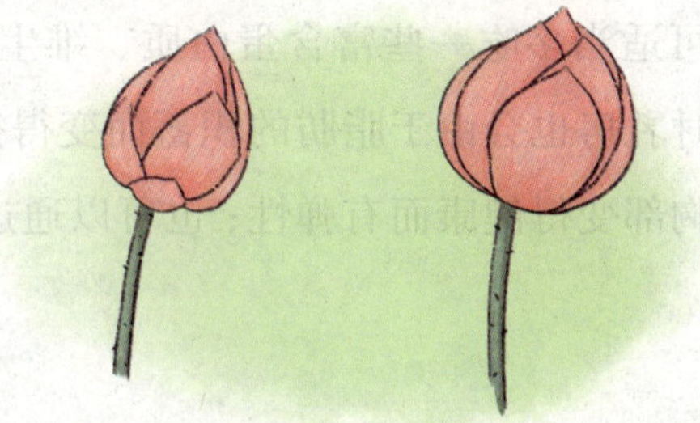

多懂"医"点

一、青春期女孩乳房发育有哪些注意事项

乳房发育期可能会出现疼痛、瘙痒、肿块等，是属于正常发育表现，发育增大的过程会持续数年。需做到以下几点：

（1）学习生理卫生知识，了解青春期变化的特点，保持良好的心理状态，规律作息。

（2）注意均衡饮食，保证充足的蛋白质、维生素和微量元素等的摄入。

（3）做好胸部保护，穿舒适的内衣，保持皮肤的清洁等。

（4）不要含胸驼背，睡眠时尽量采取仰卧位，多做扩胸运动。

二、青春期胸部发育缓慢怎么办

女性胸部发育由先天遗传因素及后天营养因素决定，内分泌系统和身体营养状况都能直接影响乳房的正常发育。乳房的外观和自身体质有关，相对肥胖者会有较为丰满的胸部，妈妈乳房不大，女儿也大多类似。不要刻意地追求胸部增大，尤其不要通过药物来人为加速乳房发育。使用激素类药物，常常会导致乳腺肿瘤风险增大。

若胸部发育缓慢，可适当多吃一些富含蛋白质、维生素E及胶原蛋白的食物，使瘦弱的身体丰满，同时乳房也会由于脂肪的积蓄而变得挺耸、富有弹性；多做扩胸运动及游泳运动，使胸部变得健康而有弹性；也可以通过专业的中医诊断，合理调理。

第三节 月经来了，我还能长个吗？

女儿：“妈妈，我下面怎么流血了？”

母亲：“宝贝，是不是来月经了啊？”

女儿：“啊，听同学们说来月经之后就会快速长高长胖了，我可不想长胖呀！”

母亲：“咦，我怎么听别人说来了月经就不会长高了呢？”

女儿：“啊，那我还能长多高呀？我还想要长到165厘米呢！”

母亲：“我们请教一下妇幼医院的医生吧。”

医生说

正常情况下女孩在整个青春期身高可增长20~25厘米，女孩身高增长最快的时期大约在月经初潮前一年，这段时间是身高和体重增长的关键期。在接近初潮的前半年身高增长速度开始减慢，月经初潮表明已经进入青春期的中后期，此时身高和体重的增加会明显放缓并趋于稳定，但并不代表身高的增长已经结束。

一般来说，初潮后，身高还有可能增长5~8厘米。

所以月经来潮既是长高冲刺阶段，也是即将停止生长的黄灯预警。

多懂“医”点

一、初潮多少岁是正常

女性月经初潮年龄在不同国家地区、不同种族、不同民族之间都有相对提前的趋势。研究表明，中国女孩月经初潮多为11~15岁，平均年龄12.6岁。如果女孩10岁之前发生月经初潮或于7.5岁以前出现乳房发育、阴毛发育，则很可能是性早熟。过早发育的女孩，性激素分泌提前，会导致身体发育和骨骼成熟加速，骨骺提前闭合。从短期看，孩子的身高可能比同龄人高，但这是提前透支长高空间，总的长高的年限缩短，导致成年后的最终身高反而不高。在日常生活中，我们经常会看到一些孩子，儿童期身高较高，但成人后反而偏矮小。

随着食物和环境的影响，越来越多的孩子出现性早熟，有研究显示，孩子早发育一年，身高少长5~7厘米。家长需了解生长发育相关知识，关注孩子的发育情况，如发现孩子过早发育，应及时带孩子到专业医院就诊，避免错过最佳治疗时期。

二、女孩来月经后如何长得更高

孩子的身高主要取决于先天遗传因素，也和后天环境因素、营养因素等密切相关。

1. 合理膳食

饮食结构要均衡，避免挑食，保证日常蛋白质和钙的摄入。多喝牛奶，多吃鸡蛋，豆制品，坚果，动物肝脏，海产品，牛肉，虾等；少吃零食，少吃煎炸、烧烤、油腻的食物，少吃反季节食物，少吃维生素和钙片以外的保健品。

2. 控制体重

女孩来月经后，体重增长率会加速，如果体重增加过快，可使体内的雌激素水平增加，进而加速骨骺的闭合，生长空间越来越小。因此，建议女孩来月经后，一年的体重增长最好不要超过3千克。

3. 充足的运动

建议每天至少进行半小时的户外活动，最好有10分钟以上是弹跳运动，比如跳绳、跳高、排球、篮球、引体向上等。运动能增强新陈代谢，促进生长激素分泌，增强骨骼的活性，刺激骨骼生长，有利于长高。

4. 良好的睡眠

夜间是生长激素分泌的高峰期，23：00~2：00分泌的生长激素最旺盛。当儿童进入深度睡眠阶段时，生长激素的分泌是正常的3倍多。所以，要让孩子尽量在22：00前上床睡觉，尽快进入深度睡眠状态。睡前不要太兴奋，不要吃太饱或喝太多水，容易影响睡眠质量。

第四节 我的“小妹妹”怎么和别人长得不一样？

女儿：“妈妈，这几天我觉得走路时内裤磨着下面有点疼。”

妈妈：“是内裤太紧了吗？”

女儿：“不是，但是我的‘小妹妹’好像长得有点特别。”

妈妈：“好像是有点不一样，小阴唇有点大，可能是这个让你不舒服。”

女儿：“是不是很严重？”

妈妈：“我也不太懂，先找医生看看。”

医生说

这是正常现象。

女性的生殖系统分为内生殖器及外生殖器。内生殖器指的是阴道、子宫、卵巢和输卵管。外生殖器又称外阴，包括阴阜、大阴唇、小阴唇、阴蒂和阴道前庭。其中大小阴唇为阴道口旁边一对纵行隆起的皮肤皱襞，左右两侧基本对称，青春期后有色素沉着和阴毛出现。所以青春期后我们的“小妹妹”颜色会变深变黑，这是正常发育现象。大阴唇在外面，更厚更大；小阴唇位于内侧，更薄。女性的尿道、阴道相较男性更宽更直，更容易感染，所以大小阴唇都是为了保护我们的生殖系统避免感染的，是我们生殖道健康的守护门神。

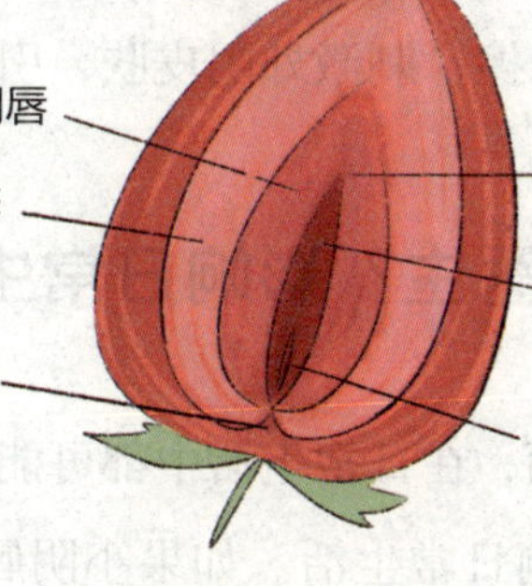

小阴唇较薄，其大小、形状、色泽因各人的不同和人种的不同而存在较大差异。有的两边不对称，一边大一边小，这都是正常的。后天因素也可以影响，有些女性因长期慢性刺激或持续摩擦也可导致小阴唇逐渐肥厚。如患有阴道炎、外阴炎等妇科疾病，长期刺激如长期骑自行车或者摩托车，也会因阴唇长期遭受挤压而出现肥大。小阴唇不对称是普遍存在的现象，所以女孩子们不必因此认为自己不正常，更不要因此有自卑感。有些小阴唇如果发育比较肥大，可能在日常生活中如走路、骑车等运动过程中容易被衣物摩擦导致不适感，严重影响生活或心理，可以采用手术的方式来治疗，手术简单，效果也非常好。

多懂"医"点

一、日常怎么护理外阴

1.注意卫生、预防感染

保持外阴干燥干净。潮湿及污垢的环境容易引起外阴及阴道炎症，刺激小阴唇增厚。月经期及时清洗外阴血渍及更换卫生巾，擦拭外阴的纸巾可选用柔软材质的，避免粗糙的纸面摩擦。清洗外阴选用洁净的温水，正常情况下不需要用外阴洗剂反复清洗，更加不需要使用温度过高的水，以免刺激外阴皮肤。

2.衣裤宽松，减少摩擦

日常生活中尤其是运动时建议选用宽松衣物，特别是贴身的内裤，应选用宽松透气的纯棉材质更为有益健康。不要为了时尚选择包裹过紧或有特殊材质花纹的内裤，避免造成内裤与外阴反复摩擦，刺激外阴皮肤，引起阴唇增厚及妇科炎症。

二、什么情况下需要看医生？影响日常生活怎么办

小阴唇宽度高于大阴唇表面，在日常生活中都可能导致小阴唇突出而摩擦衣物。宽度越高，症状越严重，越影响日常生活。如果小阴唇过于肥厚，日常生活比如走路、骑车等运动过程中总是被衣物摩擦引起不便或者损伤疼痛，或者小阴唇过于肥大，导致容易残留尿渍及污垢，抑或是两边严重不对称影响美观造成心理障碍，都可以求助妇科医生。医生根据情况指导治疗，必要时可以通过几十分钟的小手术治疗来解决这个问题，快速便捷，不影响日常生活。

三、两侧长得不一样，我不好意思看医生怎么办

两侧大小阴唇不对称是很普遍的现象，并不是异常畸形的。如果影响到日常生活，可以求助医生治疗。经常性的摩擦不仅仅会带来不适感，而且可能会在长期摩

擦损伤的刺激下，造成外阴病变。因此，要正视自己、爱惜自己、尊重自己，对生长发育问题应摒弃“女性羞耻感”。医生也会尊重你的隐私，不要因为害羞而讳疾忌医，耽误治疗。

第五节 经期怎样注意卫生保健?

女儿:“妈妈，我下午和小竹去游泳。”

妈妈:“你今天才来的月经，经期不能游泳的。”

女儿:“为什么不可以?”

妈妈:“因为不卫生呀，会引起感染的。”

女儿:“为什么会感染?”

妈妈:“我们听听医生怎么说。”

医生说

妈妈说的很有道理。

正常情况下，女性的生殖道有自我净化作用。月经期间，由于女性生殖器经阴道与外界相通，经期盆腔轻度充血，子宫内膜脱落，创面有微血管破口，阴道内血液影响阴道酸碱度和菌群，自净能力减弱，防护力下降，都有可能增加感染概率，所以一般不建议经期游泳，但是对于一些游泳专业的女孩，可以在医生指导下，使用内置型卫生用品。

多懂“医”点

经期卫生应该注意哪些

1. 心理卫生

女性第一次月经来潮多在13~14岁，这是青春期的重要标志。第一次出血、第一次与以前不一样、第一次与别人不一样，以为是病了，甚至认为自己得了绝症而感到慌乱、害怕，这是很多女生初潮的感受。这时候父母，尤其是母亲，要耐心安抚女儿，主动和女儿一起学习生理卫生知识，指导其关于卫生巾的选择和使用，使其从容应对。

2. 生理卫生

应注意保暖、忌生冷寒凉食物、避免辛辣刺激性食物；应注意劳逸结合，经期抵抗力降低，相对较容易感染，避免疲累；适当活动，但不可剧烈活动；选择合适的卫生巾，不可用未消毒的纸巾、布片等；注意勤换卫生巾，保持外阴干洁；建议淋浴，不可盆浴、游泳、桑拿。

第六节 萌动的青“春”期，如何保护好自己？

门诊手术室的故事

周一的门诊手术室总是那么繁忙，熙熙攘攘的人群里有一个青涩的小姑娘，因紧张而苍白的小脸格外引人注目。进了诊室医生不禁打量了一番，仔细询问，原来小姑娘才15岁，和男朋友懵懵懂懂偷吃禁果，结果意外怀孕，想进行人工流产手术。再问这位年轻的患者，是否知道性生活的注意事项，以及可能会导致怀孕？是否知道人工流产手术的危害？是否知道如何有效避孕？小姑娘迷茫地摇摇头。

医生说

青春期身体内的激素水平逐渐提高，身体发育趋向成熟，产生性欲是生理现象。月经来潮后，就意味着有排卵和怀孕的能力了，但是身体发育仍未完全成熟，心理生理都无法承担孕育生命的重担，应避免过早的性接触。

如果有性生活，月经超过7天未正常报到，就需要检查是否怀孕。可自行用早孕试纸检测或去医院抽血检查。孕周越大，流产伤害越大。如若意外怀孕需要终止妊娠，需去正规医院尽早进行。目前人工终止妊娠的方式分为药物流产和人工流产（手术），但无论何种方式，流产对于女性身体都有损伤。青春期育龄期女性都应做好避孕措施，保护自己的生育能力。

多懂“医”点

一、过早的性生活危害大

1.易损伤、感染

青春期女孩外生殖器和阴道比较娇嫩，性生活时容易造成处女膜的撕裂和阴道撕裂伤，严重者可导致大出血；且青春期阴道正常菌群尚未完全建立，自净能力较差，抵抗力差，易造成尿道炎、阴道炎、盆腔炎。

2.意外怀孕危害多

一旦怀孕，青春期女性无法承担孕育生命的重担，将面对流产的压力。人工流产或药物流产对女性的身体都有影响，有感染、出血、甚至以后无法再怀孕的风险，且周围社会环境的心理和舆论压力也将给青春期女性造成心理创伤。

3.心理压力大

青春期缺乏必要的性知识和准备，往往是在简陋环境下偷偷摸摸进行的，事后会因为害怕而恐惧、悔恨，不敢声张。这种情绪交加又没有合适的渠道疏解，必然会影响学习和生活。青春期正是人生中奋斗拼搏、为未来发展打基础的黄金阶段，过早性生活会分散精力，对未来人生是不利的。

二、如何有效避孕

青少年合适的避孕方法主要有以下几种：

1.避孕套

首选。优点：避孕率高，还可以防止性传播疾病；缺点：需男性主动全程使用。

2.避孕药

推荐短效口服避孕药。优点：避孕效果好，女生可自主使用，兼具调节月经、祛痘等作用；缺点：需在服药周期内每天服药，容易忘记，部分人会出现恶心、胸胀等副作用，不能预防性传播疾病。

3.紧急避孕

不推荐使用紧急避孕的方法，仅作为补救措施。

三、如果意外怀孕了，我要怎么办

有性行为且月经超过7天没来，需尽早去正规医院妇科就诊，切不可因为恐惧而到不正规的小诊所就诊，若造成严重后果则悔之晚矣。父母和老师应正确看待，正确引导，切不可粗暴对待，辱骂批判；应该耐心沟通，提供帮助，尽早带孩子去医院结束妊娠，避免影响以后的生活。

第七节 青春期“痘痘”大作战

妈妈：“孩子，都快十点半了，你上周说这周末跟同学约好出去玩，咋还不出门呢？”

孩子：“哎呀，妈，您看我顶着这一脸痘怎么出门嘛，烦死了！”

妈妈：“咦，怎么痘痘又变多了？那我们今天去看中医吧，看看中医有没有什么好方法让你只留青春不留痘。”

医生说

我们俗称的“青春痘”也就是面部痤疮，在青少年群体中其发病率高达80%。中医称之为“粉刺”，西医称之为“痤疮”。

中医认为：青少年发育时期气血偏热偏盛，如果在天气热的时候喜欢吃辛辣、油腻、多油、多糖的食物则非常容易长痘。如果不及时就医耽误病情会使痘痘增大甚至形成结节。

西医认为：青春痘与皮脂淤积、雄激素水平增高、皮肤敏感性增强有关，易发生皮肤毛囊内细菌及螨虫等微生物感染。

青春痘多发于颜面部，也可发生在胸背或臀部等处。部分女性患者可在月经前后加重。治愈后可留有暂时性的色素沉着或轻度凹陷性瘢痕，即我们常说的“痘印”。严重的青春痘感染后会留下瘢痕。

多数长痘患者无自觉症状或只有轻度瘙痒，只在炎症明显时局部自感疼痛，青春期后可逐渐痊愈。由于青春痘会导致肤色不均、黑头、油皮、痘印等皮肤问题，容易使患者产生焦虑、自卑、抑郁等不良心理反应，严重者可能会影响正常社交。所以对痘痘的治疗不可轻视，不治或者误治可能留下永久性瘢痕。

多懂"医"点

一、长痘了应该注意什么

1.生活调护

（1）做好面部清洁：用温水洗脸，可配合温和洁面用品，皮脂较多时可每天清洗2~4次。不用冷水洗脸，以防灰尘及多余皮脂附在皮肤表面，清洁不彻底或者气血遇寒凉而郁结不通，皮脂堵塞，痘痘加重。

（2）选择合适的护肤品：温和偏酸性的清洁剂及富含神经酰胺、亚油酸、亚麻酸的润肤剂可辅助治疗痤疮，也可选择合适的中药面膜如玉桂硬膜或金缕梅软膜。

（3）多饮水，日饮水量达1500~2000毫米；预防便秘。

（4）学会调节压力，避免长时间精神紧张，保持心情舒畅。

（5）禁止随意用手挤压痘痘，以免留下"痘印"。

2.饮食调理

（1）忌食辛辣刺激性食物，如狗肉、辣椒、酒类、浓茶、咖啡等；少食海鲜、油腻之品及甜食。

（2）宜多吃新鲜蔬菜水果，尤其是性味偏凉、具有清凉祛热效果的食物：瘦猪肉、

鸭肉、蘑菇、苦瓜、黄瓜、丝瓜、冬瓜、绿豆、莲藕、西瓜等。便秘者可适量食用白菜、芹菜、马齿苋、金针菇、猕猴桃、梨、香蕉、火龙果等。

（3）食疗方：①绿豆苡仁防痤汤。绿豆、薏苡仁各25克，山楂10克。放入锅中，加水适量，泡30分钟，再煮沸几分钟后停火，焖15分钟即可。代茶饮，每日3~5次。适用于痤疮脓疱期。②海带绿豆汤。海带20克，绿豆15克，甜杏仁9克，玫瑰花6克，红糖适量。海带、绿豆、甜杏仁、玫瑰花洗净后用纱布包扎，一同入锅，加水适量，煮熟，然后去玫瑰花，放红糖调拌即可。可代茶饮，适量食用。适用于痤疮囊肿及结节期。

二、痘痘能不能挤

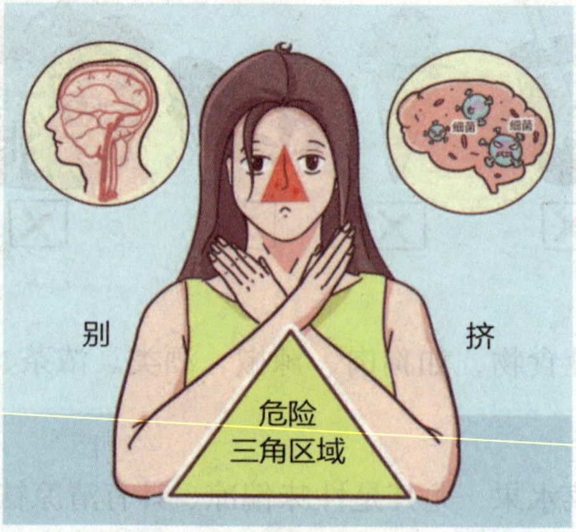

有些痘痘该出手时就出手，有些痘痘则要手下留情。

1. 哪些痘痘可以挤

脓疱型痘痘（位于危险三角区的除外），也就是我们常说的熟透了的“痘痘”，可以挤出其中的脓液，从而促进痘痘的愈合。

2. 如何正确挤痘痘

（1）挤痘痘之前最好准备好辅助工具如痤疮针、碘伏、无菌棉签等，尽量避免用手直接挤痘痘。

（2）一定要做好手、痤疮针、痘痘周围皮肤的消毒工作，这是正确挤痘痘必不可少的一步。

（3）挤出来的脓液最好用无菌棉签擦拭干净，挤完痘痘之后也要做好相应部位的清洁消毒工作。刚挤完痘痘的皮肤短时间内不宜碰生水，如有结痂不能强行抠掉，应待其自然脱落。

第八节 青春期近视

孩子："妈妈，我发现我最近坐在座位上看黑板上的字有点模糊了。"

妈妈："你没坐最后一排吧？"

孩子："没有，我坐在中间。"

妈妈："哎呀，那是不是变近视眼了？这周末赶紧带你看医生去。"

医生说

近视眼简单来说就是看远处的东西模糊，看近处的东西清晰，是最常见的眼部病变之一，近年来在青少年人群中的发病率呈上升趋势。可分为假性近视和真性近视。

如果家长发现孩子视力有问题一定要及时就医。视力有问题不一定就是近视眼。除了近视之外，视疲劳、弱视、斜视、散光等眼睛病变都会引起视力问题。及时就医方能在最佳时段进行有效的干预，避免视力问题进一步严重。

多懂“医”点

一、近视是什么原因引起的

先天遗传因素和后天因素都有影响。中医认为“久视伤血”，过度用眼如在强光下或者昏暗光线下用眼、走路或者坐车时看书、无节制地看电子产品、长时间用眼、不正确的书写姿势等都会导致气血损伤；或者肝肾两虚如营养不均衡、父母都是近视等原因都可能导致近视。

二、怎样预防近视

（1）注意科学用眼。在明亮舒适的光线下学习，眼睛离书本30~35厘米，青少年连续看电子产品不超过30分钟，用眼1小时左右要让眼睛休息5~10分钟，走路或者坐车时不看书。

（2）适当运动。平时可以多进行户外运动，建议每天户外运动1~2小时。写字看书休息间隙多看远处，具体做法：选择至少5m外的一个目标进行远望15分钟，每天3~4次。

（3）坚持做眼保健操或者穴位按摩。眼保健操也来源于中医的穴位按摩，主要通过按摩眼睛周围的穴位来清肝明目，预防近视。眼保健操分为四步：①揉攒竹穴；②按睛明穴；③揉四白穴；④按太阳穴轮刮眼眶。另外也可推坎宫、刮眼眶、按翳风穴等。

（4）饮食调理。平时可适量食用动物肝脏、瘦肉、莲子、胡萝卜、柑橘、核桃、龙眼肉等，也可用枸杞子、菊花、决明子泡茶喝。中医认为青色入肝，黑色入肾，所以可以多吃青菜、黑豆、黑芝麻、板栗、桑椹等食物滋补肝肾，也能预防近视。

（5）推荐食疗。①芝麻粥：黑芝麻30克，粳米60克。煮粥食用。②猪肝羹：猪肝100克，葱白15克，鸡蛋2个，豆豉5克，食盐、酱油、料酒、淀粉各适量。猪肝切小片，加食盐、酱油、料酒、淀粉抓匀。葱白切碎，鸡蛋打散备用。先放水煮烂豆豉，然后加猪肝、葱白，快熟时加鸡蛋。

第九节 青春期如何保护生育能力？

女儿：“妈妈，我们班小美好厉害，昨晚打了一晚游戏，今天白天精神状态还是那么好。”

妈妈：“啊，她爸妈允许她熬夜？”

女儿：“她偷偷的呀，您可千万别去跟她爸妈告状哦！”

妈妈：“可是她这样做是不对的呀，你作为她的同学要劝劝她。熬夜多了会影响你们的学业，还会影响身体健康，比如导致抵抗力下降，而且对于女生，还会导致卵巢功能下降，影响以后生宝宝哦。”

女儿：“啊，熬夜怎么还影响生宝宝呢？”

妈妈：“不仅仅熬夜会影响，还有好多不良的生活习惯会影响到呢，具体听听医生怎么说。”

医生说

青春期一般定义在10~19岁，是转变为成年人的过渡期，是生殖器、内分泌及体格发育成熟的时期，是正值生长迅速、卵巢发育时期。据最新统计显示，不孕不育发病率持续升高，注意青春期生育能力保护很重要。

哪些不良习惯会影响生育能力

（1）不良的生活习惯可影响生育能力：青春期是精力充沛的时期。可以因为追一部电视剧而通宵达旦，可以因为朋友的一个无心之过而伤心好几天，可以因为不开心而随意暴饮暴食，随之又因为自认为的胖而节食暴瘦。无惧无畏的她们，并没有意识到这些不良的习惯，都在“偷偷”地破坏着卵巢功能，影响着生育能力。待到想要生宝宝的那天，发现卵巢已经只剩“躯壳”，没了功效，为时已晚。

（2）不良的性生活可影响生育能力：不洁的性生活可导致盆腔感染，导致宫腔粘连、输卵管功能下降、输卵管积水等，相当于土壤和渠道受损。过早的性生活、不避孕的性生活可致意外怀孕，增加人工流产操作，可导致宫腔粘连、子宫内膜炎、子宫穿孔等，影响生育。

（3）不良的经期卫生可影响生育能力：经期同房、不合格的卫生巾，可导致生殖器炎症如盆腔炎，影响生育。

（4）卵巢疾病：多囊卵巢综合征、卵巢囊肿、卵巢肿瘤可破坏正常卵巢组织和卵巢功能，影响生育。

多懂"医"点

一、青春期如何保护生育能力

(1)保持良好生活习惯：早睡早起，均衡营养，家长切忌盲目滋补，不能过胖或过瘦，适当运动，远离烟酒等刺激性物品，注意经期卫生，注意经期保暖，保持乐观心态。

(2)青春期正值性萌动期，对性充满好奇，跃跃欲试，但不懂得自我保护。情不自禁的性行为下忘记自我保护，很容易发生少女妊娠，无论是选择生育还是流产，都会给女孩带来不可预测的健康风险。流产次数越多，往后不孕的风险越高。人工流产可造成子宫内膜及卵巢功能损伤，后续可导致自然流产及稽留流产风险增加，再次妊娠胎盘植入、大出血、剖宫产手术率增加，内分泌失调，并发子宫肌瘤、腺肌瘤、乳腺疾病等，而且过早的性生活是宫颈癌的高危因素。避免婚前性行为，是青春期保护生育能力的最佳方式。安全正确地使用避孕套，是青春期保护生育能力的第二道防线。

(3)多囊卵巢综合征多表现为月经稀发、排卵障碍，早发现、早干预可提高受孕率；卵巢囊肿、卵巢肿瘤可破坏正常卵巢组织，及时就医，早发现、早干预、早治疗，可降低卵巢损伤程度，最大限度保护生育功能。

二、青春期不小心怀孕了怎么办

一定要到正规医院检查，明确是否怀孕，怀孕多久了，切不可听信虚假广告，也不要因为所谓的面子找不正规的"诊所""偷偷"流产。不卫生、不规范的处理方法，会导致盆腔感染、大出血、宫腔粘连、再次手术风险大大增加。一定要寻求父母的帮助，并到正规医疗机构流产。

第三篇

月经篇

第一节 “大姨妈”的烦恼

女儿：“妈妈，今天我同桌晨晨的裙子后面突然有好多血，我好担心她生病了，可她说没事，说我也会有的，为什么啊？”

妈妈：“晨晨可能是来月经了吧。”

女儿：“月经是什么？我什么时候会来？”

妈妈：“月经是女孩子每个月会出现的阴道流血，大部分女孩十三四岁左右就会出现，标志着女孩子长大了啊。”

女儿：“男孩会有吗？这个血是从哪里出来的？有什么用？”

妈妈：“我们一起听听医生怎么说吧。”

医生说

每个女孩都有一套特殊的生殖系统，其中非常重要的就是卵巢和子宫，卵巢产生卵子，就是一颗能长出宝宝的种子，而子宫就是孕育宝宝的宫殿。青春期以后卵巢功能开始启动，每个月都会有一批卵子生长，其中有一个可以长到接近2cm大小，成熟了就会脱落，称为排卵。在卵泡的生长过程中，会分泌雌激素，排卵以后产生孕激素，这两种激素规律地出现能让子宫内膜增生脱落，脱落时内膜下暴露的血管就会有流血，形成月经。

所以月经是卵巢排卵后子宫内膜规律脱落形成的，是女孩长大了的重要标志，同时意味着女孩具备了生育的能力。

正常情况下，13~14岁初潮最常见，月经周期一般21~35天，经期多为4~6天，经量20~60毫升。

多懂“医”点

一、月经期该注意什么

1.注意卫生

（1）经期用品卫生，勤更换，一般2~3小时更换一次。选棉质内裤，保持干净，勤洗勤换。

（2）保持外阴清洁。每天清洗外阴；大、小便后用手纸时要由前向后擦，避免把肛门周围的细菌带到外阴处。

2.情绪乐观

经前数天或经期可出现下腹部及腰骶部下坠不适，有的女生还会有子宫收缩痛、头痛、疲乏等，有的情绪波动，大多不影响正常生活、学习，不必过分紧张。应保持心情舒畅，以减轻经期不适感。

3.劳逸结合

避免过度劳累，注意适当休息，保持充足睡眠。适当地进行一些轻松的活动，如做广播体操、散步，以及一些家务劳动等。

4.注意保暖

要注意下腹及下肢的保暖。避免淋雨、涉水、游泳，不用冷水洗澡、洗头、洗脚，不要在阴冷潮湿的地上坐，不要过多进食冷饮。

5.饮食清淡

饮食宜清淡，不宜吸烟饮酒以及进食生冷、辛辣刺激性食物。多吃易消化吸收的食品，多吃蛋、瘦肉、豆制品、蔬菜、水果等富含蛋白质、铁和维生素C的食物。

二、经期出血10多天都不干净怎么办？为什么会这样

青春期月经出血超过10天属于异常子宫出血，可能导致感染、贫血等，建议及时到医院就诊。

最常见的原因是青春期内分泌调节功能不成熟，卵泡不能规律排出，激素分泌失调。此外情绪紧张、精神压力过大、剧烈运动、长期偏食、营养失调、过度减肥、热量摄入过多等因素均可影响月经。

出现这种情况应及时就诊，检查有无贫血，及时进行对症治疗。

三、为什么有时几个月都不来月经

初潮后一般需要2~3年才能建立规律月经周期。几个月不来月经可能是排卵功能不完善，或者有多囊卵巢综合征的可能性，比较少见的还有卵巢功能低下或生殖器官发育异常等原因，无论哪种情况，都需要找医生诊断。

第二节 月经迟迟未初潮

女儿：“妈妈，来月经好麻烦，要换卫生巾，还肚子痛不舒服，好羡慕我们班有个女孩到现在都还没来月经。”

母亲：“女孩都要来月经的，该来月经不来反而不对，你说的同学多大了？”

女儿：“和我一样，15岁半了，她长得高、身材好，学习也好，不像有问题的。”

母亲：“上次听医生说10岁以前来月经是性早熟，会导致身材矮小，就是不知道晚来月经是什么情况。”

女儿：“多少岁不来月经算晚呢？为什么会晚？有什么影响吗？”

妈妈：“一起听听医生怎么说吧。”

医生说

与性早熟相反的是青春期发育迟缓。由于青春期发育的年龄在地区和民族之间存在一定的差异，故各国诊断标准会有一定区别。比如，美国女孩平均青春期开始年龄是10岁，如果12~13岁乳房还没有发育就可能是青春期发育迟缓。而中国女孩到了14岁乳房还未发育或16岁仍无月经来潮，就属于青春期发育迟缓，需要去医院评估一下。

青春期发育迟缓有两大原因：一种是体质性发育迟缓，这种女孩没有器质性疾病，幼儿期生长一般在正常范围，自学龄期至13岁期间，直线生长速度减慢，骨龄落后于实际年龄2~3年，但最终都可自主地完成青春期发育。可能与遗传、环境、全身健康状况等因素有关，有家族倾向。

还有一部分是病理性的，通常是内分泌异常、生殖器官发育异常、染色体异常，或患有慢性病、基础疾病等原因引起，所以一旦出现青春期发育延迟，建议及时去医院就诊，明确原因，以免耽误治疗。

多懂“医”点

正常情况下，女孩乳腺发育2年后仍无月经来潮，需就诊评估。

一、病理性的青春期发育延迟有哪些

1.功能性青春期发育延迟

因全身性疾病和营养不良所致，在原发疾病得到恰当治疗以及营养状态改善后，可恢复发育，如神经性厌食症体重下降导致初潮延迟。

2.性腺功能减退症

性腺功能减退症包括低促性腺激素性腺功能减退症和高促性腺激素性腺功能减退症两大类。前者如中枢神经系统损伤、肿瘤、先天发育不良等；后者如特纳综合征、各种原因导致的卵巢功能早衰、性腺发育不良、雄激素不敏感综合征等。这种情况多数需要长期激素补充治疗以维持第二性征发育，维持月经来潮和身体健康。

3. 内分泌失调

患有甲状腺功能减退症、糖尿病、库欣综合征时发育往往推迟。一般原发疾病治疗好转后，青春期可自行恢复。

4. 生殖器发育异常

主要是指先天性无阴道或阴道短浅或闭锁的女性，伴或不伴有子宫的发育异常，也有人称之为“石女”。这类女孩子通常卵巢功能正常，有正常的乳房发育和性激素分泌，但没有月经来潮，或有周期性腹痛，也无法进行性生活，可以通过手术治疗，但很难有生育功能。

对病理性的青春期发育迟缓，应尽早就诊尽早治疗。

二、青春期发育延迟的健康风险

1. 心理健康

青春期发育延迟容易影响患者的社会和家庭心理健康，无论是否使用性激素补充治疗促进第二性征，都需要密切关注青春期发育延迟对孩子的心理健康的影响。

2. 骨质疏松

部分青春期发育延迟，长时间的低雌激素水平，导致骨丢失加快，骨质疏松症发生的风险增高。因此，对于长期低雌激素水平的患者，除了性激素补充治疗外，还需要注意补钙和适当锻炼。

3. 身高影响

成年身高可能会受到青春期延迟的影响，尤其是一些患者表现为家族性的身材矮小并伴有青春期发育延迟。但大多数青春期发育迟缓的患者，成人身高并不矮，仅略低于遗传身高。

第三节 拿什么拯救我的姨妈痛

女儿:“妈妈，我肚子好难受，好痛啊!”

母亲:“宝贝，怎么了?吃坏肚子了吗?”

女儿:“来月经了，应该是痛经。”

母亲:“妈妈年轻的时候也痛经，生了你就慢慢不痛了。拿个暖宝宝敷敷肚子，多喝点热水。”

女儿:“妈妈，我为什么会痛经?我有同学痛得好严重，每次都要吃止痛药。”

母亲:“怎么能随便吃药呢，会有很多副作用，多喝点热水就好了。”

女儿:“我同学说是医生建议她吃的，医生总不会瞎说吧。”

母亲:“那我们也去一趟医院，听听医生怎么说吧。”

医生说

痛经是最常见的妇科症状之一，指月经来潮前后或月经期出现下腹部疼痛、坠胀，伴有腰酸或其他不适。

痛经分为原发性痛经和继发性痛经两类。

原发性痛经是指生殖器无器质性病变的痛经，是一种生理性的痛经。主要由于月经期身体内部分激素分泌增加，引起子宫收缩增强、血管痉挛，导致痛经。常见于青春期，多在初潮后1~2年内出现，疼痛一般从月经来潮后开始，以月经第一天最明显，持续2~3天后缓解。原发性痛经还受精神、神经因素影响，疼痛程度也与对疼痛的耐受性有关。

继发性痛经是指由某些盆腔疾病引起的痛经。最常见的是子宫内膜异位症、子宫腺肌病、慢性盆腔炎、盆腔淤血综合征等。另外，还有一些罕见的生殖道畸形，如处女膜闭锁、阴道闭锁、阴道横隔等。

如果痛经明显影响到生活，或持续多年越来越严重，建议及时到医院检查，明确原因，才能对症治疗。

中医医生说

中医认为痛经的病因可归结为八个字——不荣则痛，不通则痛。

第一类，“不荣则痛”，是气血不足、肝肾亏虚，不能濡养子宫导致的虚性疼痛；这类痛经可以用补充气血，补益肝肾的方法缓解疼痛症状。

第二类，“不通则痛”，是因寒凝血瘀，堵塞血脉导致的实性疼痛。这类痛经则可使用温热通导化瘀的方法来解除经期疼痛症状。

如何判断你的是哪一类痛经呢？

1. 从月经的色、质、量来判断

（1）气血虚弱型——月经量偏少，色淡红质地清稀，无血块。

（2）寒凝血瘀型——月经量时多时少，色暗红或偏黑，质地黏稠，夹血块。

2. 从疼痛的感觉上来判断

（1）气血虚弱型——疼痛发生时间多在经期及经后，下腹隐隐有空痛感，按压后稍感舒适，热敷后可缓解。

（2）寒凝血瘀型——疼痛发生时间多在经前及经期，下腹疼痛多为刺痛或胀痛，按压后疼痛不能缓解，热敷后可明显缓解。

3. 从疼痛时伴随的症状来判断

（1）气血虚弱型——本身体质虚弱，经期易出现神疲乏力，头晕心悸，面色苍白的症状。

（2）寒凝血瘀型——经前及经期易出现乳房胀痛、畏寒，经期血块排出后，痛经症状缓解。

多懂“医”点

一、痛经如何治疗

（1）轻度下腹不适是正常的生理反应，注意保暖，充足的休息和睡眠、规律而适度的锻炼、消除紧张和焦虑的情绪、保持愉悦都能对痛经起到缓解作用。如果痛经症状较重，或者已经影响到日常生活，则建议辅以药物治疗。

(2)采用药物治疗，包括止痛药和口服避孕药。

止痛药：常用的药物有布洛芬缓释胶囊300毫克，口服每日1~2次，双氯芬酸钠栓塞肛门，每日1~2次。月经来潮即开始使用药物效果佳，根据痛经时间可使用1~3日，治疗有效率可达80%。正确选择和使用止痛片，不会出现药物依赖。

口服避孕药：适用于有避孕需求或月经不调需要治疗的女性，一举多得，治疗痛经疗效达90%以上。

(3)对于继发性痛经，应积极治疗原发疾病，如慢性盆腔炎、子宫内膜异位症、阴道闭锁等，只有解除病因，痛经才会彻底缓解。

二、如何从生活方式上缓解痛经

(1)注意保暖。避免在月经期间用凉水洗头及洗澡。下腹部热敷也会起到一定的缓解作用。

(2)保持心情愉悦。心情愉悦使气血畅通，利于经血的顺利排出，紧张、焦虑、压力大、抑郁等负面情绪会加重躯体感受，使痛经更明显。

(3)注重饮食，保证营养。要多吃铁和维生素E含量丰富的食物，多摄入优质蛋白质，避免饮酒，痛经的人少食生冷及辛辣食物。

(4)保证充足的睡眠。熬夜会导致身体机能紊乱，不利于经血排出。在充足睡眠的基础上适当运动可增强体质。

(5)进行规律适度的运动。

三、经期吃冰棍、洗头会引起痛经吗

至今还没有循证医学证据显示，吃生冷辛辣的食物会增加前列腺素，也没有证据显示冰冷食物进入消化道后可以刺激到子宫的肌肉和血管。但是有些人月经期吃冷食可能刺激了胃肠道，导致痉挛腹痛。经期由于激素水平的变化，对于疼痛会更加敏感。所以，胃肠道对冷刺激敏感的患者，在经期还是少吃一些生冷食物为好。

以往生活条件差，洗发后只能自然晾干，湿发易导致受寒，现在生活条件好，洗发后及时吹干，注意保暖，不会对身体产生影响。

四、生孩子后就不会再痛经了

如果是继发性痛经，只要针对病因治疗，痛经往往是能够治愈的，与是否生育没有关系。对于原发性痛经，目前没有明确的证据显示生育可治疗痛经，部分人生育后痛经缓解可能是由于生育时扩张过子宫口，更有利于经血排出，因此痛经可能得到一定缓解。

五、中医怎么治疗痛经呢

可以通过服用中药汤剂、丸剂、艾灸、穴位贴敷、食疗、养生导引等方法改善体质，从而消除病因，解决痛经烦恼。

1.中药选择

气血虚弱型痛经可用十全大补丸、八珍益母丸；寒凝血瘀型痛经可用桂枝茯苓丸、血府逐瘀丸等。若痛经症状较重，建议去中医妇科门诊就诊，开具个体化中药处方为宜。

2.食疗药膳

（1）气血虚弱型推荐补气血为主，多食大枣、红皮花生、龙眼、阿胶固元膏。

推荐药膳：

1）黄芪20克，党参20克，枸杞子20克，山药20克，土鸡1只。炖汤。

2）小米50克，枸杞子20克，大枣（去核切片）20克，红皮花生50克，生姜2片（切碎）。加入清水500毫升，大火煮开后，小火熬煮2小时，根据个人口味放入适量红糖可食。

（2）寒凝血瘀型推荐以温补为主，推荐药膳当归生姜羊肉汤。做法：羊肉300克（切块放料酒焯水）、全当归20克（洗净）、生姜6片（厚切），大火煮开后小火慢炖3~5小时，出锅放入枸杞子10克、少许白胡椒粉调味。冬季可放入500克白萝卜一起炖煮。

（3）中医外治。

1）穴位贴敷治疗。

a.方法：使用温经散寒的中药方打粉，黄酒调和后，贴敷在下腹部相应的穴位上，以缓解痛经症状。常用贴敷的成分包括当归、延胡索、川芎、乳香、没药、小茴香、血竭等活血温经散寒类药物。

b.穴位选择：选择下腹部穴位，如神阙穴、子宫穴、关元穴、气海穴等。

2）中医耳穴压豆。

a.方法：在行经前3~5日进行耳穴压豆，常规消毒后，取王不留行用胶布贴牢，贴敷于相应耳穴上，并适当按压，使耳郭有发热、胀痛感，每日按压3次，每次每穴按压半分钟。

b.耳部选穴：子宫、内分泌、卵巢、盆腔、皮质下。配穴：神门、腹、肝、肾、交感等（建议在中医生的指导下配穴选用）。

c.简易方法：搓耳法。先在耳郭内外均匀涂抹适量的润滑油，然后用拇指和示指的指腹在耳郭外缘自上向下、由外向内逐步点压式按揉50~100次，最后用两手指的指腹在耳垂旋转式揉捏60圈左右即可。

3）艾灸。

a.方法：仰卧或坐位，点燃艾条，在离穴位皮肤5~10cm处用艾条轻轻画圈，以皮肤微红、有热感透入肌肉并扩散为佳，艾灸时间10~15分钟，根据个人对热力的耐受程度施灸，避免烫伤。

b.穴位选择：下腹部局部穴位，可选用神阙穴、子宫穴、关元穴、气海穴、天枢穴等；远端四肢的相关穴位，可选用足三里、三阴交等穴位。

（4）养生建议。

1）非经期加强有氧运动，如慢跑、游泳、瑜伽等，能增强全身气血流动，改善经期盆腔血流灌注，缓解经期不适症状。

2）调畅全身气血：如八段锦、易筋经、五禽戏，也可选择太极拳、太极扇等。

3）足浴方法：水温宜保持在39~50℃，必须稍感热力才能刺激穴位，收到与针灸同工之效。水量以没过踝部为度，双脚放入热水中浸泡5~10分钟，微微出汗，洗脚的同时，要多动动脚趾，并按摩揉搓脚趾、脚心2~3分钟。

第四节 更年期“大姨妈”乱来好烦恼

女士1：“最近月经总是莫名其妙乱来，量又多，每次都是十多天才干净，好烦！”

女士2：“更年期到了，这个时期月经错乱很正常，过一段时间就自己好了。”

女士3：“我同事月经总不好后来诊断出子宫癌了，可不能不管。听听医生怎么说吧。”

医生说

更年期因体内卵巢功能的波动性变化出现月经紊乱，月经紊乱是更年期最常见的症状，常见的表现为月经周期不规律，经期持续时间长及经量增多或减少。更年期月经紊乱可能是卵巢功能紊乱导致的，但不排除更年期的某些疾病，如子宫内膜病变、输卵管癌、宫颈病变等疾病，早期表现也是异常出血。因此，更年期月经紊乱需要及时就医，明确月经紊乱的原因。

多懂“医”点

一、更年期月经紊乱需要及时就医的情况

月经失去规律性，总是不来或总是来；

出血量时多时少或淋漓不尽，经期超过7天不干净；经量增多，甚至出现贫血；

停经或者闭经（月经6个月以上未来潮）。

二、如何判断更年期异常出血原因

排查妊娠相关的异常出血，可通过查尿hCG、血hCG、B超明确；通过宫颈防癌筛查、阴道镜及宫颈活检排查宫颈病变所致的异常出血。

通过分段诊刮排查子宫内膜病变所致的异常出血；通过肿瘤标志物、B超、磁共振了解有无子宫、输卵管或卵巢肿瘤所致的异常出血。

第五节 大姨妈一来就头痛

患者："医生，我经期头痛跟天气预报一样，只要开始头痛，我就知道快要来月经了，月经走后就不疼了，这是怎么回事？"

医生："做过什么检查吗？"

患者："做了很多检查，脑电图、脑部CT都查了，也没查出什么原因。"

医生："嗯，你这是与经期有关的一种功能性头痛，常规是检查不出器质性的问题，但还是可以用药物改善症状甚至治愈的。"

患者："还能治愈吗？那太好了。这个病困扰我多年，我平时头痛得厉害时，就吃布洛芬止痛，但是我担心依赖药物，所以想来试试中医治疗。"

医生说

一、经期头痛是为什么

女性月经期及经期前后所发生的头痛称为经期头痛，是常见的妇科疾病之一，目前现代医学认为病因尚不明确，但女性的雌激素水平变化和偏头痛的发病密切相关，与其脑部动脉血管舒缩功能异常也关系密切。

二、经期头痛，应该怎么治疗

西医治疗大多使用前列腺素抑制剂、短效口服避孕药、非甾体抗炎药（如布洛芬）对症止痛或激素治疗为主，虽可短暂缓解经期头痛症状，但无法达到治愈头痛的目的，病情反复发作，远期临床疗效不理想。

中医则坚持在辨证论治的基础上分型治疗，专方专药，加以针灸、耳穴贴压等外治疗法，标本兼顾，虚实并举，在临床上取得了理想的治疗效果。

多懂"医"点

一、传统医学对经期头痛的认知

中医认为经期头痛的发病原因是因人而异的，大体分为两种，一是因气血亏虚不能濡养脑部所致的经期头痛，这叫“不荣则痛”；二是因脑部经脉痹阻、血瘀寒凝而引发的实性头痛，这叫“不通则痛”。

二、中医药如何治疗经期头痛

中医可以通过辨证施治，开具符合个人体质的中药汤剂、配伍丸剂、艾灸、针刺、耳穴压豆、食疗、养生导引等方法改善体质，从而消除病因，从根本上解决女性经期头痛的困扰，下面逐个介绍针对经期头痛的中医内外治疗方法及养生注意事项。

1.中药选择

针对不同症候，所选用药物不同，常用的针对经期头痛的中成药有丹栀逍遥丸、正天丸、元胡止痛片等，若头痛症状较重建议去中医门诊就诊，开具个体化中药处方为宜，切忌滥用药。

2.食疗药膳

推荐药膳：

(1)天麻乌鸡汤——天麻20克、当归20克、黄芪15克、党参15克、乌鸡1只。炖汤。

(2)粳米大枣粥——粳米50克、枸杞子20克、大枣(去核切片)20克、红皮花生50克、生姜2片(切碎)。加入清水500毫升，大火煮开后，小火熬煮2小时后根据个人口味放入适量红糖可食。

3.中医外治

(1)中医耳穴压豆

1)方法：在行经前3~5天进行耳穴压豆，常规耳部消毒后，取王不留行用胶布贴牢，贴敷于相应耳穴上，并适当按压，使耳郭有发热、胀痛感，嘱患者每日按压3次，每次每穴按压半分钟。

2）耳部选穴：子宫、内分泌、额、枕、颞、皮质下、神门、肝、心等（建议在中医生的指导下配穴选用）。

3）简易方法：搓耳法，按摩耳朵的正确方法包括涂抹润滑油、按摩耳郭外缘、按摩耳垂、按摩耳屏上的穴位以及热敷等。先在耳郭内外均匀涂抹适量的润滑油，然后用拇指和示指的指腹在耳郭外缘自上向下、由外向内逐步点压式按揉50~100次，最后用两手指的指腹在耳垂旋转式揉捏60圈左右即可。

（2）艾灸

1）做法：坐位，点燃艾条，在离穴位皮肤5~10厘米处用艾条轻轻画圈，以皮肤微红、有热感透入肌肉并扩散为佳，艾灸时间10~15分钟，根据个人对热力的耐受程度施灸，艾灸时注意不要烫伤毛发。

2）穴位选择：头面局部穴位，可选用百会穴、太阳穴、头维穴、风池穴等；远端四肢的相关穴位，可选用内关穴、合谷穴、三阴交等。

4.刮痧

（1）使用梳齿状的刮痧板，根据头痛的具体部位进行针对性刮痧，也可全头部刮痧，力度以稍感疼痛，能耐受为度，不可在同一个穴位反复刮痧，且不可太过用力，以免损伤头皮毛囊引发感染。

（2）头部刮痧方法

1）头顶部的疼痛：可沿着头部督脉位置进行，即头部从前发际线正中，向后刮到后发际线正中，始终沿着一个方向进行刮痧，不可来回刮拭，一个部位刮10~15次。

2）头部两侧疼痛：少阳经脉循行的部位，即沿着耳周的一圈穴位循行部位进行刮拭，首先从耳尖的上0.5寸（1寸=3.33厘米）位置开始刮起，沿着经脉循行耳郭边缘刮拭，一个部位刮10~15次，对侧也选用相同的刮法，直至头部有微微发热感。

3）如头局部疼痛明显，可在重点穴位进行“角刮法”，比如头颅正中间的百会穴（两耳尖连线的中点处），可用刮痧板的角进行点按，两侧头痛可角按风池穴3~5秒。

温馨提示：头部刮痧适用于功能性头痛，如神经性头痛、紧张性头痛等，对于合并有脑部实质性病变，如未稳定控制的高血压病、脑血管病变、脑血栓、脑部肿瘤的女性，不可使用刮痧的方法来缓解头痛，需及时就医。

第四篇

乳腺保健篇

第一节 胸大、胸小的烦恼

关于乳房大小的那些事

高一开设了游泳必修课，听到这一消息，班级群里炸开了锅，有喜笑颜开跃跃欲试的，也有愁眉苦脸担心害怕的，小美和小丽小时候都是游泳健将，她们却有别样的忧愁。小美从初一开始胸部逐渐增大，胸部被内衣紧紧地勒住，还是比同龄女孩大很多，游泳课要穿泳衣，这可愁坏了她。小丽个子高挑身材苗条，但胸部平平坦坦，穿上泳衣会不会被嘲笑为“太平公主”呀。两人私下一聊，这乳房大也烦恼，小也烦恼，到底有没有问题，多大的才好呢？

周末，小美和小丽结伴来到医院乳腺科门诊，来听听医生怎么说。

医生说

医生为她们进行了详细的体格检查和彩超检查，发现她们的乳房外观对称，无乳头内陷，乳房内没有摸到肿块，都是正常的。

乳房的大小因人而异，受遗传、种族、生长环境、激素等因素的影响。每个人都是独立的个体，不必因身体与他人有所不同而不安和自卑，要相信“我就是我，是不一样的烟火”，要坦然地接受自己，掌握正确、科学的保健方法，保护好自我，绽放青春的美丽。

多懂“医”点

一、乳房是怎么发育的

女孩进入青春期后，受体内雌激素、孕激素的影响，乳房逐渐发育，从童年到成年演变分为五个阶段（表4–1、图4–1至图4–5）。

表4–1　Tanner（坦纳）的乳房发育阶段

阶段	年龄/岁	乳房发育表现
Ⅰ	青春期前	乳头凸起，无可触及的乳腺组织或乳晕色素沉着
Ⅱ	11.1 ± 1.1	乳晕区出现乳腺组织，乳头和乳腺从胸壁明显隆起
Ⅲ	12.2 ± 1.09	容易触及的腺体组织数量增多，伴有乳房直径增大，乳晕色素沉着。乳房和乳头轮廓保持在一个独立的平面
Ⅳ	13.1 ± 1.15	乳晕增大，色素沉着加深，乳头乳晕形成乳房平面上的第二隆起
Ⅴ	15.3 ± 1.7	青春后期的发育，乳房达到成人外观，乳头更突出

图4–1　Tanner的乳房发育阶段Ⅰ

图4–2　Tanner的乳房发育阶段Ⅱ

图4–3　Tanner的乳房发育阶段Ⅲ

图4–4　Tanner的乳房发育阶段Ⅳ

图4–5　Tanner的乳房发育阶段Ⅴ

乳房的大小受多种因素影响，包括遗传、种族、生长环境、激素等。目前多项研究表明，体脂量与乳房大小有明确的相关性，乳房的大小并不代表成年后哺乳时乳腺分泌乳汁能力的大小，不同大小的正常乳房均可正常泌乳以满足婴儿需要。

二、什么样的乳房最美

每个人对美的理解和感受不一样，没有一个确切的定义。乳房的大小、对称性、比例、位置及其在胸壁上的界限都会影响美观程度，理想的乳房形态中，乳头乳晕复合体应位于乳房下皱襞头侧。然而，无论大小，健康、自信才是最美的。

三、女孩青春期应该如何进行乳房保健？

青春期的乳房保健，首先从心理上，青春期的女孩应该认识到这是成长路上的必经过程，应避免将胸部箍得紧紧的，这样会影响乳房正常发育和身体健康，束胸是乳头内陷的后天性原因之一，束胸使胸腔脏器受压，久而久之可能引起心肺方面的疾病。其次，应正确佩戴文胸，宜选择材质舒适透气、尺码合适、稳定性好的文胸。那么，如何选择合适的尺码呢，我们应该测量以下径线，上胸围——过乳头胸围，下胸围——过乳房下皱襞胸围，上胸围减去下胸围尺寸，得到的就是罩杯大小（表4-2、表4-3）。再次，坚持身体锻炼，适当的运动能促进乳房的正常发育，并能增进健康，是最方便又经济的健胸方法。最后，防止滥用丰胸药物。

表4-2　罩杯型号与尺寸

罩杯型号	罩杯尺寸
A	7.5~10 厘米
B	10~12.5 厘米
C	12.5~15 厘米
D	15~17.5 厘米
E	17.5~20 厘米
F	20~22.5 厘米

下胸围尺寸+罩杯大小，就是文胸尺码。

表4-3　下胸围尺寸与罩杯大小

下胸围尺寸 /cm	罩杯大小				
67.5~72.5	A70	B70	C70	D70	E70
72.5~77.5	A75	B75	C75	D75	E75
77.5~82.5	A80	B80	C80	D80	E80
82.5~87.5	A85	B85	C85	D85	E85
87.5~92.5	A90	B90	C90	D90	E90

第二节 青春期的“躲猫猫”

15岁的贝贝，近期老是觉得左边乳房火辣辣的疼痛，碰都碰不得，好像皮肤还红了。她小心翼翼地走进妈妈的房间，红着脸轻轻地问：“妈妈，我的‘咪咪’好像生病了，您帮我看看，好吗？”妈妈赶紧放下手中的事，拉过贝贝，掀开衣服一看，乳房又红又肿，乳头还没看到，贝贝急得要哭了，妈妈抱了抱贝贝说：“不着急，宝贝，明天带你去看医生。”

医生说

第二天妈妈带着贝贝来到了医院乳腺科门诊。医生详细询问、检查后，发现贝贝左侧乳房外侧皮肤发红，有个李子大小包块，于是告诉贝贝和妈妈，目前贝贝的诊断是左侧乳腺炎并脓肿形成，还有双侧乳头内陷，需要外科手术治疗。

为什么小女孩也会出现乳房疾病？因为贝贝有明显的乳头内陷，局部容易积存污物，诱发了乳腺炎，不过这是个小手术，很快就可痊愈。

多懂“医”点

一、什么是乳头内陷

乳头内陷是指乳头不能凸出乳晕平面而向下凹陷的现象。它的形成可由先天性因素，如先天乳腺导管短缩、部分组织纤维挛缩、乳头平滑肌发育不良等；和后天性因素，如乳房炎症、肿瘤、束胸或穿着过紧的内衣等引起。

乳头内陷按其临床表现可分为三型：Ⅰ型，部分乳头凹陷，乳头颈存在，轻微的刺激可使其突出；Ⅱ型，全部乳头凹陷，多次刺激才可使其突出，多没有乳头颈，较正常乳头小；Ⅲ型，完全乳头凹陷，反复刺激均不可使其突出。

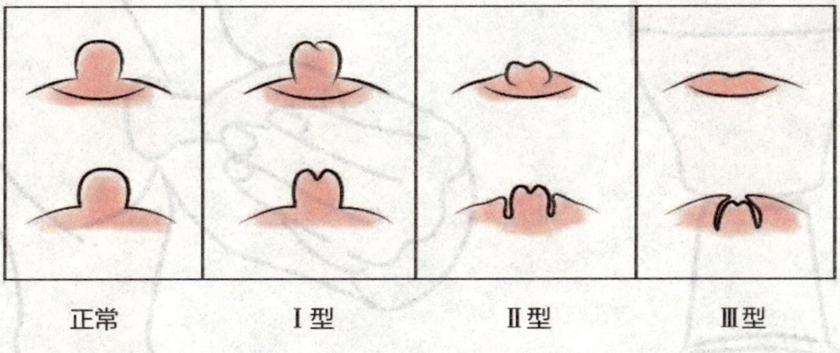

Ⅰ型：部分乳头内陷，挤出后乳头大小与常人相似
Ⅱ型：乳头完全凹陷于乳晕之中，可用手挤出乳头
Ⅲ型：乳头完全埋在乳晕下方，无法用手挤出

图 4-6　内陷程度自测法

二、乳头内陷要怎么治疗

乳头内陷治疗方法包括手法牵拉，吸引疗法，手术治疗。Ⅰ型乳头内陷，可坚持进行乳头十字操手法牵拉(见图4-7)。

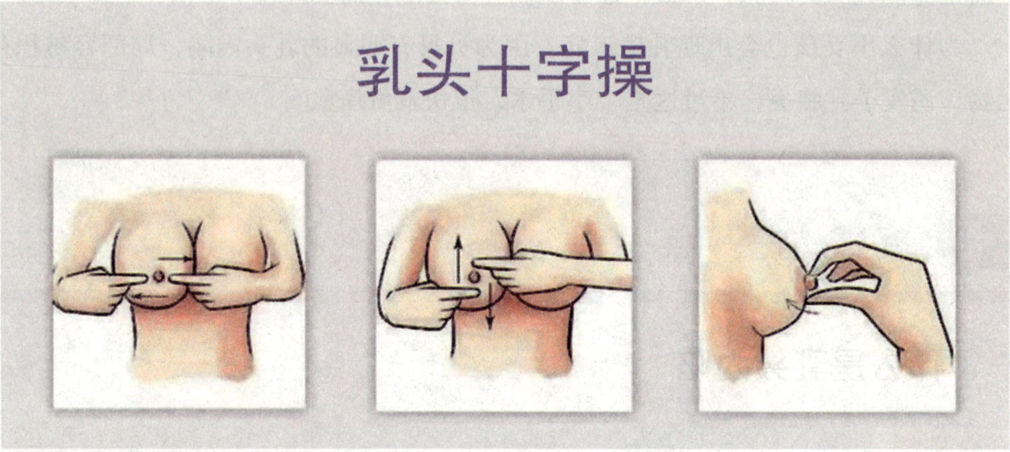

图 4-7　乳头十字操

Ⅱ型乳头内陷，建议使用乳头矫正器辅助吸引治疗(见图4-8)，或者采用支架法手术治疗；

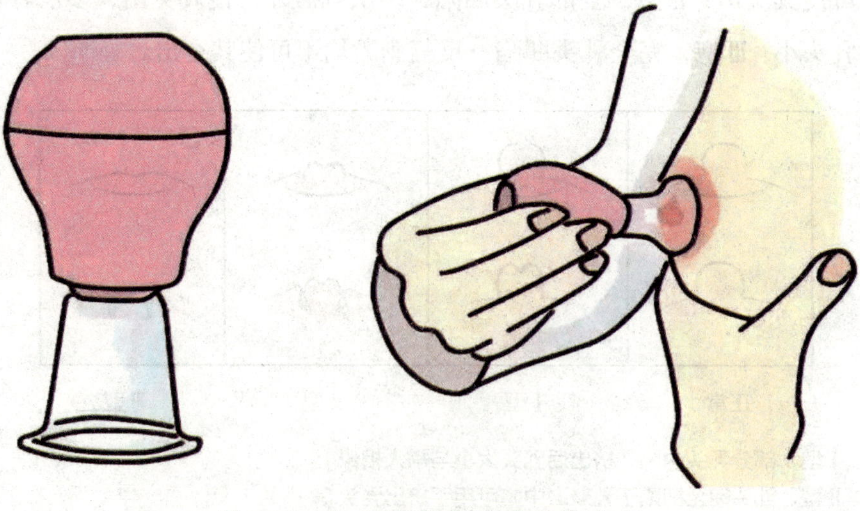

图 4-8　乳头矫正器辅助吸引治疗

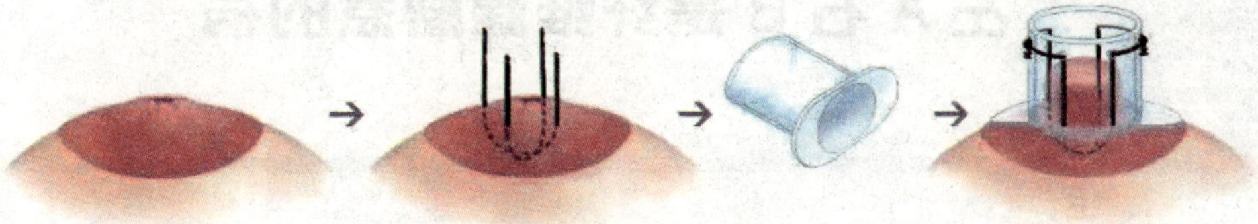

图 4-9　手术矫正

Ⅲ型乳头内陷，手法及吸引效果不佳，如要矫正乳头内陷，需采用手术治疗（见图4-9）。

三、乳头内陷有什么影响，生小孩后能喂奶吗

乳头内陷影响美观，部分青春期女孩自觉异于常人，容易出现自卑等心理问题；乳头凹陷，不利于清洁卫生，局部易积存分泌物，容易发生感染，严重者可致乳腺脓肿，需要进行外科手术治疗；乳头内陷，特别是Ⅲ型乳头内陷，不利于母乳喂养，故乳头内陷者建议及早至乳腺专科就诊，寻求专业指导，积极处理。

部分乳头内陷患者进行母乳喂养时确实存在困难，但乳头内陷不是母乳喂养的禁忌。乳头乳晕是有弹性和伸展性的，部分是可以成功进行母乳喂养的，不过，怀孕前，建议乳头内陷的女性至乳腺专科进行哺乳相关问题的咨询。

第三节 左A右B是纤维腺瘤惹的祸

妈妈发现刚进入高一的小雪经常含胸驼背，大热天都穿宽松的长袖校服。有天她注意到女儿右边胸部像揣了个小拳头，明显大于左胸。一问才知道，女儿初三的时候就摸到右边乳房里有个红枣大小的坨，最近几个月长大得特别明显，不敢和家长说。妈妈带着小雪来到医院，做完乳腺彩超后乳腺科医生告诉她，孩子右胸里长了一个6厘米的肿块。最终小雪接受了肿块切除手术，术后医生告诉妈妈，这是一个巨大纤维腺瘤。很快小雪昂首挺胸重返课堂。

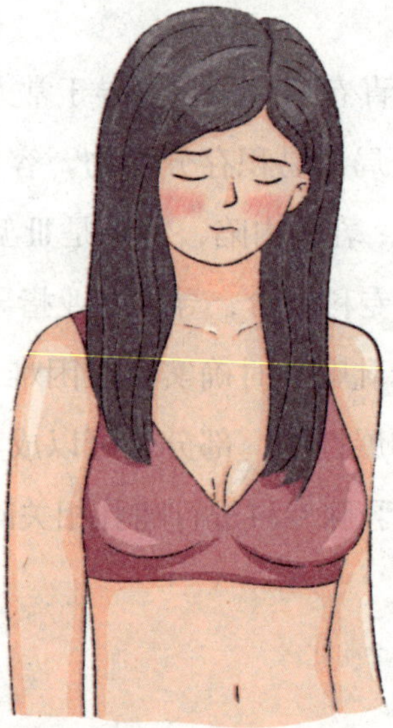

医生说

乳腺纤维腺瘤是最常见的乳腺良性肿瘤，发病高峰年龄为15~25岁。当肿瘤直径≥5厘米或质量≥500克，称为“巨大纤维腺瘤”。发生原因尚不清楚，有可能是某一区域的乳腺组织对雌激素异常敏感，过度增生形成的肿瘤。

患者通常无明显症状，多数为单发的无痛肿块。单纯依靠触诊诊断纤维腺瘤的准确率较低，还需要借助彩色超声、乳腺X线摄影检查，确诊依靠病理学检查诊断。

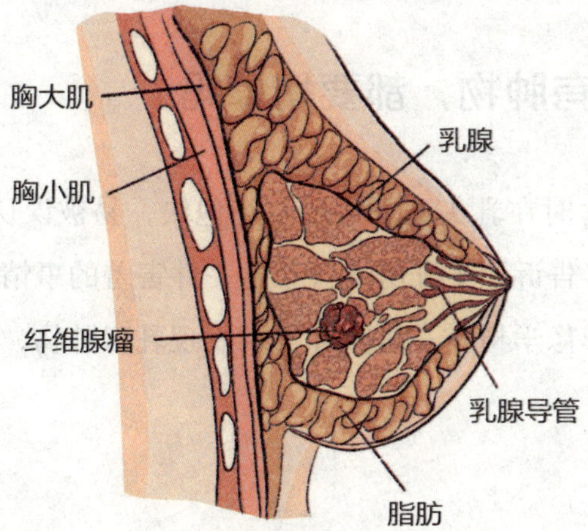

多懂“医”点

一、我害怕做手术，吃药有用吗

手术切除，是治疗乳房纤维腺瘤最好的方法。中医中药及激素治疗的疗效均不确切。

二、手术后我的胸部会变瘪吗？会在胸前留下“蜈蚣脚”吗

不会的，现在的手术治疗方法有真空辅助微创旋切和切开法。微创旋切术表皮创伤小，不留明显瘢痕，适用于直径≤3厘米的肿瘤。较大的纤维腺瘤，医生会选择合适的小切口，在乳晕旁切口或者乳房下外皱襞切口，采取美容缝合技术，愈合后切口美观。

三、现在长的是纤维腺瘤，以后再发会不会变成癌呢

纤维腺瘤中的上皮成分癌变风险极低，癌变率为0.12%~0.30%。伴有非典型增生或一级亲属乳腺癌家族史或复杂纤维腺瘤病人，其乳腺癌发病风险高于普通人。高危病人术后仍须定期行乳腺检查。

四、摸到乳房里有肿物，都要切掉吗

女孩青春期刚发育时在乳头下方可触及小包块，易被误认为肿瘤。家长需适度关注孩子的乳房发育，告诉孩子乳房发育不是一件害羞的事情。必要时至专科就诊，通过专科医生体查和影像学检查，排除和早期发现乳房肿物，及时治疗。

第四节 乳房痛是“熊孩子”气的吗？

放暑假啦，神兽归笼，刚刚小学毕业的跳跳决定先好好玩一个月，妈妈却给跳跳制订了满满当当的暑假学习计划。于是，母慈子孝的场景不再有，妈妈吼得声嘶力竭，捶胸顿足，崽崽玩得我行我素，不亦乐乎，家里鸡飞狗跳，日夜不宁。渐渐地，跳跳妈妈觉得胸口像被石头压着，乳房胀痛，腋窝也痛，几天都不好，上班也没心思了，睡觉也睡不好了，妈妈觉得肯定是被熊孩子气的，爸爸建议妈妈看一下乳腺科门诊。

医生说

乳房疼痛是女性乳房三大常见症状之一，原因多种多样，可分为生理性疼痛和病理性疼痛两种类型。

生理性乳房疼痛可见于青春期、经前期、妊娠期、哺乳期，多为轻微疼痛，不影响生活，无需处理。

病理性乳房疼痛可见于乳腺增生症、乳房炎症、乳房外伤及乳房肿瘤，还有一些乳房外疾病，如肋软骨炎、带状疱疹等也可以引起疼痛，与情绪变化，压力增大，睡眠不佳有关。

如果乳房疼痛伴随以下情况时，应及时就诊：疼痛呈周期性，但明显影响日常工作、生活；疼痛呈持续性；可以摸到乳房内有肿块；发现乳头流水，特别是流血；发现乳房皮肤改变，如发红，凹陷，橘皮样改变等；哺乳期伴有发热；伴有腋窝肿块及疼痛。

家长要学会换位思考，加强沟通，熊孩子也是自己生的，要看可爱的一面，和孩子做好朋友，好商好量，学会自我调节。

多懂“医”点

一、什么是乳腺增生症

乳腺增生症是乳腺的一种良性疾病，是一种正常结构紊乱。乳房出现不同程度的胀痛、隐痛或刺痛，可放射至腋下或肩背部，月经前及情绪变化时明显；乳腺结节或肿块，可随月经周期变化；少部分有乳头溢液，常为淡黄色、无色或乳白色浆液，血性溢液少见。

二、乳腺增生症要怎么治疗

轻至中度疼痛者以心理疏导及改变生活习惯为主；对于持续性存在的严重乳腺

疼痛病人，可予药物治疗。

缓解症状建议：

(1)情绪调节：好心情是良药。

(2)饮食优化：少吃油炸食品、动物脂肪，多吃新鲜蔬菜和水果，控制体重。

(3)适时婚育：妊娠、哺乳对乳腺功能有生理性调节作用，生育过晚或哺乳少的女性易患乳腺增生症。

(4)避免人工流产：流产终止了妊娠，造成体内激素水平的紊乱，可导致乳腺增生症加重，反复多次流产易引起结节或肿块。

(5)生活规律：劳逸结合、睡眠充足、适量运动等。

(6)选好胸罩：过紧或有挤压隆胸效果的胸罩，会影响乳房的新陈代谢和淋巴回流，加重病情。

(7)定期体检：乳腺自查建议每月一次，每年应至少到乳腺专科进行一次乳腺体检。如有乳腺癌家族史及有重度乳腺增生症的患者应半年检查一次，进行动态观察。

三、乳腺增生症会变成乳腺癌吗

两者并无必然关系。只有活检证实为非典型增生时发生乳腺癌的危险性才会明显增加，但大约有80%的非典型增生病人终生都不会发展为乳腺癌。

早期乳腺癌的临床表现并无特异性，容易被乳腺增生症所掩盖，建议既往体检报告有乳腺增生症的女性朋友定期到医院检查。

第五节 更年期激素治疗对乳房有影响吗？

乳腺科诊室里，宋女士拿着B超结果在和医生交流。

宋女士："医生，我今年47岁，更年期症状特别明显，严重影响工作。刚才看了更年期门诊，张医生建议激素补充治疗，我自己也想吃点，但是我母亲在75岁时发现乳腺癌，我自己乳房超声提示有结节。我是吃还是不吃呢？"

医生："宋女士，您有乳腺癌家族史，目前不能排除右乳结节是乳腺癌风险，还需要做进一步检查，才能确定能否进行激素补充治疗。"

医生说

若更年期症状明显影响工作和生活，激素补充治疗是最佳选择。但在治疗之前，建议患者先咨询乳腺专科医生。医生需要充分了解患者的病史是否有乳腺癌史、家族史、既往有无乳腺手术史及手术后的病检结果；进行基本的临床体检，和相关的辅助检查。在确定进行更年期激素补充治疗后，需定期复诊和随访，了解治疗过程中有无异常情况。

多懂“医”点

一、更年期激素治疗会增加患乳腺癌风险吗

中国女性乳腺癌的患病高峰年龄为45岁左右（也就是绝经前），随着年龄的增长，乳腺癌的发生率反而越来越低。相对来说，没有得乳腺癌的女性绝经后使用更年期激素治疗是安全的。大量数据显示，更年期激素治疗并不会导致乳腺癌风险升高。

二、有哪些情况禁用激素替代治疗

已确诊患乳腺癌或可疑患乳腺癌者禁用。怀疑恶性，未确诊之前不建议进行激素的替代治疗。

三、注意事项有哪些

做好随诊监测工作，制定个体化的治疗方案。对于乳腺良性疾病，评估后可以接受绝经激素治疗，但需要密切每年进行系统评估。癌变风险高的疾病需经乳腺专科医生评估后决定。

第六节 定期乳房体检很重要

乳腺科诊室

医生："您这次的乳腺彩超和乳腺X线都提示左乳有肿块。"

宋女士："去年体检时，医生只说乳腺增生，怎么现在就成肿块了？这体检到底有用吗？"

医生说

乳腺癌是女性最常见的恶性肿瘤，每年定期做一次常规体检，可以帮助我们了解自身的身体状况，早发现、早诊断、早治疗。

我国女性乳腺癌的发病高峰年龄为45~54岁，40岁以上的女性，建议每年至乳腺专科进行乳房体检。尤其具备以下任意一项者，应该从40岁就开始乳腺癌筛查：①月经初潮年龄≤12岁；②有乳腺活检史或乳腺良性疾病手术史，或病理证实的乳腺（小叶或导管）不典型增生病史；③使用雌孕激素联合的激素替代治疗≥6个月。

多懂“医”点

一、乳房检查都有些什么项目？为什么做了乳腺X线还要做B超

表4-4 乳房检查项目

筛查项目	优选人群	优点
乳腺超声	年轻及乳房致密或妊娠期女性	操作简便，具有可重复性和实时性，对身体无害
乳腺X线	大乳房和脂肪型乳房/乳腺组织疏松的老年患者	对钙化极其敏感
乳腺MRI	高危人群的检查补充	软组织分辨率高，敏感性强，作为补充检查措施
乳管镜	有乳头溢液的女性，尤其是血性	通过内镜系统直接观察乳腺导管管腔和管壁情况，从而精确定位

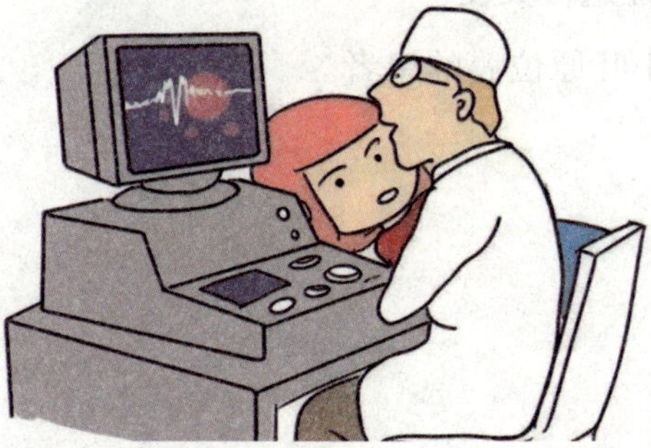

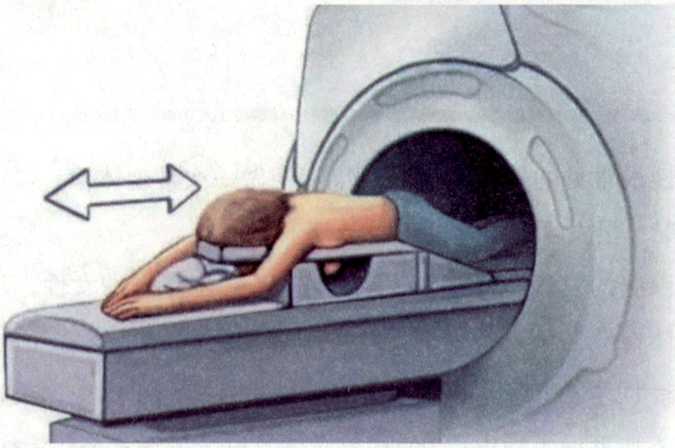

亚洲女性大多为致密乳腺，乳腺X线准确性欠佳，超声可有效补充，因此通常推荐乳腺X线和乳腺超声联合检查。

二、老年人可以不做乳房体检吗

对于70岁以上老年人可以考虑机会性体检。身体不好可适当减免。

三、我不到40岁，可以不做乳房体检吗

如果是乳腺癌高危人群，即使年龄小于40岁，也需要每年进行乳房体检。

（1）有以下情况之一被认为是高危人群：①母亲、女儿以及姐妹有乳腺癌或卵巢癌史。②有姑、姨、祖母和外祖母等亲戚50岁前，2人及以上患乳腺癌；或2人及以上患卵巢癌。③母亲、女儿以及姐妹等亲人中有人确定携带已知*BRCA1/2*基因致病性遗传突变；或自身携带*BRCA1/2*基因致病性遗传突变。

（2）既往有乳腺导管或小叶不典型增生或小叶原位癌的患者。

（3）既往30岁前接受过胸部放射治疗。

第七节 乳房结节是乳腺癌吗？

王女士单位体检，彩超发现了乳房结节，同事张姐陪她去看乳腺科门诊。

张姐：“我邻居乳房结节确诊是乳腺癌。”

王女士：“我好怕。”

医生：“没这么严重。”

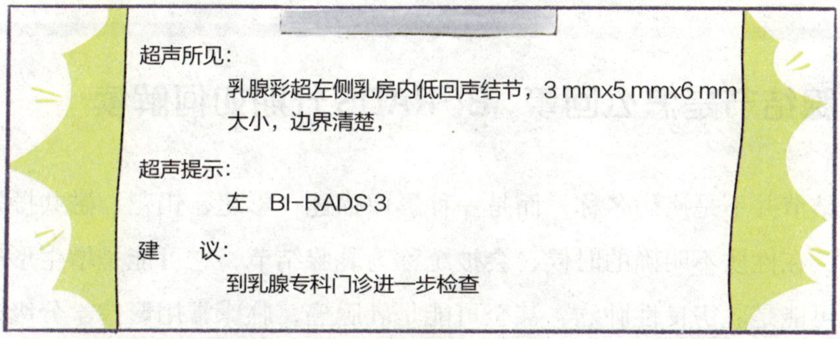

医生说

结合体检彩超的描述和图像，以及BI-RADS 3的提示，目前她的左侧乳房结节良性可能性大，直径小于1厘米，暂时不需要手术活检，3~6个月后复查一次乳腺彩超即可。平时保持心情愉悦，合理作息，缓解压力，适当锻炼身体。

多懂"医"点

一、乳腺结节是怎么回事，BI-RADS分期如何解读

乳腺结节并不是疾病名称，而是一种影像描述，彩超、钼靶、磁共振发现的乳房小肿块，在性质不明确的时候，会被统称为乳腺结节，它可能是增生形成的组织改变，也可能是乳房良性肿瘤，甚至可能是乳腺癌，临床常用影像学分级来评估风险等级。BI-RADS用来评估乳腺的改变，分类为：BI-RADS 0~6（表4-5）。

表4-5　BI-RADS分类

<table>
<tr><th>BI-RADS</th><th>恶性概率</th><th>临床意义</th><th>对应处理</th></tr>
<tr><td>0</td><td>不适用</td><td>评估未完成（需要结合其他影像学检查）</td><td>召回</td></tr>
<tr><td>1</td><td>0</td><td>阴性</td><td>常规随访</td></tr>
<tr><td>2</td><td>0</td><td>良性</td><td>常规随访</td></tr>
<tr><td>3</td><td>0~2%</td><td>良性可能性较大</td><td>3~6 个月随访 + 后续随访</td></tr>
<tr><td>4</td><td>2%~95%</td><td>可疑</td><td rowspan="6">组织学检查</td></tr>
<tr><td>4A</td><td>2%~10%</td><td>恶性可能性低</td></tr>
<tr><td>4B</td><td>10%~50%</td><td>恶性可能性中等</td></tr>
<tr><td>4C</td><td>50%~95%</td><td>恶性可能性高</td></tr>
<tr><td>5</td><td>> 95%</td><td>恶性可能性极高</td></tr>
<tr><td>6</td><td>不适用</td><td>经组织检查证实为恶性</td><td>其他</td></tr>
</table>

二、乳房结节要怎么处理

乳腺结节一旦出现，大多数情况不会消失，对于良性结节，BI-RADS 2或3级的结节可进行常规随访，如果短期内迅速增长或者结节内部回声发生改变，尤其是合并钙化的时候，需要手术或活检，BI-RADS 4及以上的结节，有较高的恶性概率，应尽快前往乳腺外科就诊，听从专科医生的指导意见。

三、乳房结节会变成乳腺癌吗

乳腺结节，任何年龄阶段的女性都有可能发生，原因不明。

检查发现的囊性结节几乎不会恶变，实性结节则包括了乳腺的良性肿瘤、乳腺癌和肉瘤，良性肿瘤也小概率能发展为癌。面对乳腺结节，无需恐慌，遵循专科医生的建议，正确面对，积极配合即可。

第五篇

营养篇

第一节 女孩子来月经了，是不是该多吃红糖补血？

妈妈：“来来来，快把这碗红糖水喝了。”

女儿：“妈妈，喝红糖水干什么呀，我不喜欢喝甜的呢。”

妈妈：“你看你，这就不懂了吧，现在你来例假了，就是要补血的，不然会贫血的。”

女儿：“啊，为什么会贫血啊，这红糖水不就是甜水吗？”

妈妈：“那我们还是听听医生怎么说吧。”

医生说

实际上，贫血有很多种，与月经最相关的是缺铁性贫血，因为月经血的丢失会造成一部分铁的丢失。缺铁之所以容易造成贫血，是因为血液中的血红素是含铁蛋白质，缺铁就会缺失原材料，造成缺铁性贫血，影响身体健康。

对于青春期女孩来说，正常月经出血量丢失的铁并不多，月经期间并不需要特别补血，和平常一样均衡饮食就可以了。

但是，有少部分女孩经期长、周期短、血量过多，每个月随月经血流失掉较多的铁，患缺铁性贫血的风险很可能增加。这时需要就诊检查，如果贫血，需要治疗。

多懂“医”点

一、缺铁性贫血怎么诊断

确定是否贫血需到医院检查血常规，通过看血红蛋白（Hb，俗称血红素）的数值是否在正常范围之内来判断。血红蛋白低于正常水平的程度不同，贫血程度也不同。具体的情况为：轻度贫血，血红蛋白含量为90~110g/L；中度贫血，血红蛋白含量为60~90g/L；重度贫血，血红蛋白含量在60g/L以下。

二、补血的食物有哪些

食物中含有的铁元素主要有两种。

第一种是血红素铁，人体利用率较高。大部分存在于动物性食物中，比如动物血、瘦肉、鱼、禽、动物肝脏等，吸收过程不受膳食中其他食物的影响。

第二种是非血红素铁，人体利用效率很低。大多存在于植物性食物，如蔬菜、谷物、豆类等食物中，非常容易受食物中植酸盐、草酸盐、磷酸盐等物质影响。

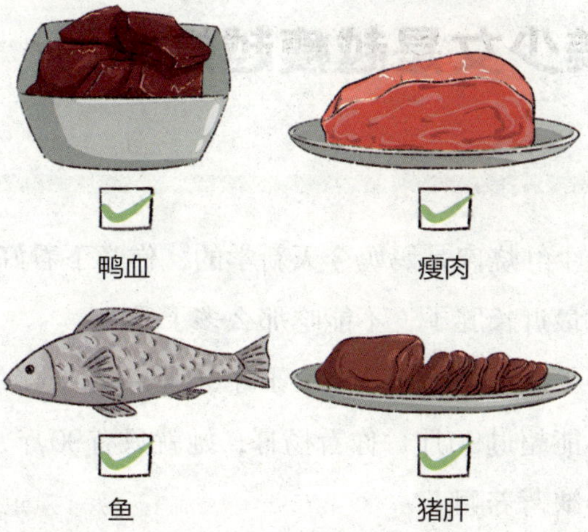

因此，如果需要补血的话应该是吃含血红素铁高的动物性食物。比如动物血制品、猪牛羊肉等红色肉类、动物肝脏等。

此外，维生素C、β-胡萝卜素能够促进铁吸收，应多吃些新鲜的蔬菜、水果，但过多摄入其富含的膳食纤维会影响铁的吸收，建议每天蔬菜吃300~500克，水果每天吃200~350克。

三、红糖补血吗

实际上，从营养成分来说，红糖是不能补血的。一方面，红糖属于植物性食物、含有的非血红素铁吸收率很低；另一方面，红糖含铁量也非常低，100克红糖里只有2.2毫克的铁。同理，大枣、红豆、车厘子等植物性食物补血效果都不明显。

第二节 美少女是越瘦越好吗？

妈妈：“宝贝，这个红烧肉是妈妈今天新学的，你尝下看好不好吃？”

女儿：“不行，我最近长胖了，不能吃那么多了。”

妈妈：“你哪里胖了啊，一米六几的个子才90斤（1斤=500克）。”

女儿：“我绝对不能超过90斤，你看杨幂，她就只有90斤，她还比我高。”

妈妈：“太瘦了会缺营养啊。”

女儿：“不会啊，你看我不是挺好的。”

妈妈：“那我们还是听听医生怎么说吧。”

医生说

青春期生长发育迅速，需要的能量、蛋白质、铁、钙等比成人都要多。消瘦是营养不良的表现。很多女孩子为了保持苗条少吃，或者饮食不均衡，这样导致体重过轻、营养不良，比较容易出现的问题有缺铁性贫血、钙不足进而骨量不足、成年身高不足，长大了发生心血管疾病、2型糖尿病风险都增大。

体重过轻还会影响乳房发育，营养不良的女孩子更容易出现月经失调。过度控制饮食，容易导致情绪变化，甚至厌食，体重、体脂下降过多会导致免疫力下降，等等。

所以，青春期的美少女真的不是越瘦越好哦。

多懂“医”点

一、怎么判断青春期孩子是否营养不良

2014年国家有关部门发布执行的《学龄儿童青少年营养不良筛查标准》，用于筛查6~18岁学龄儿童、青少年是否存在营养不良的情况。筛查指标用的是体重指数［BMI，BMI=体重（kg）÷身高的平方（m^2）］，算出来的结果跟表5-1中的数据对比一下，就知道孩子到底有没有营养不良了。

表5-1　用于筛查6~18岁学龄儿童、青少年营养状况的BMI界值范围

单位：kg/m^2

年龄／岁	男生		女生	
	中重度消瘦	轻度消瘦	中重度消瘦	轻度消瘦
6.0~	≤ 13.2	13.3~13.4	≤ 12.8	12.9~13.1
6.5~	≤ 13.4	13.5~13.8	≤ 12.9	13.0~13.3
7.0~	≤ 13.5	13.6~13.9	≤ 13.0	13.1~13.4
7.5~	≤ 13.5	13.6~13.9	≤ 13.0	13.1~13.5
8.0~	≤ 13.6	13.7~14.0	≤ 13.1	13.2~13.6
8.5~	≤ 13.6	13.7~14.0	≤ 13.1	13.2~13.7
9.0~	≤ 13.7	13.8~14.1	≤ 13.2	13.3~13.8

续表

年龄/岁	男生		女生	
	中重度消瘦	轻度消瘦	中重度消瘦	轻度消瘦
9.5~	≤ 13.8	13.9~14.2	≤ 13.2	13.3~13.9
10.0~	≤ 13.9	14.0~14.4	≤ 13.3	13.4~14.0
10.5~	≤ 14.0	14.1~14.6	≤ 13.4	13.5~14.1
11.0~	≤ 14.2	14.3~14.9	≤ 13.7	13.8~14.3
11.5~	≤ 14.3	14.4~15.1	≤ 13.9	14.0~14.5
12.0~	≤ 14.4	14.5~15.4	≤ 14.1	14.2~14.7
12.5~	≤ 14.5	14.6~15.6	≤ 14.3	14.4~14.9
13.0~	≤ 14.8	14.9~15.9	≤ 14.6	14.7~15.3
13.5~	≤ 15.0	15.1~16.1	≤ 14.9	15.0~15.6
14.0~	≤ 15.3	15.4~16.4	≤ 15.3	15.4~16.0
14.5~	≤ 15.5	15.6~16.7	≤ 15.7	15.8~16.3
15.0~	≤ 15.8	15.9~16.9	≤ 16.0	16.1~16.6
15.5~	≤ 16.0	16.1~17.0	≤ 16.2	16.3~16.8
16.0~	≤ 16.2	16.3~17.3	≤ 16.4	16.5~17.0
16.5~	≤ 16.4	16.5~17.5	≤ 16.5	16.6~17.1
17.0~	≤ 16.6	16.7~17.7	≤ 16.6	16.7~17.2
17.5~18	≤ 16.8	16.9~17.9	≤ 16.7	16.8~17.3

二、怎么保持健康体重

1.营养均衡、足够是关键

不挑食、不偏食，每天都要吃主食、鱼禽肉类、蔬菜水果、奶豆类，不同年龄的孩子需要各类食物的量又有差别，具体可参照中国营养学会推荐的2022年学龄儿童平衡膳食宝塔。

6 ~ 10 岁平衡膳食宝塔

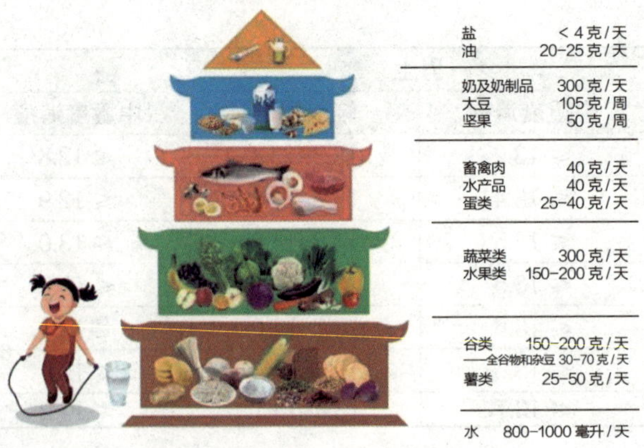

11～13岁平衡膳食宝塔

14～17岁平衡膳食宝塔

2. 适宜运动来帮助

很多孩子食量小与运动量过少、没有能量消耗、不感觉到饥饿有关系。青春期孩子每天需要进行累计至少60分钟的中高强度身体活动，以全身有氧活动为主，身体活动要多样化，其中包括每周3天增强肌肉力量和/或骨健康的运动，至少掌握一项运动技能。

第三节 我爱麻辣甜点

女儿："妈妈，学校外面最近开了一家零食店，好多好吃的，什么麻辣啊，饼干啊，糖果啊，它还卖奶茶呢。"

妈妈："啊，你最近吃了不少吧，难怪感觉最近你还长了肉咯，下次可不能再买了哦。"

女儿："为什么啊，我们同学都在那儿买呢。"

妈妈："那些东西都不太健康哦。"

女儿："怎么会，每天去那里买吃的人可多了。"

妈妈："还是听听医生怎么说吧。"

医生说

辣条、辣片等包装食品其实主要由小麦粉做成，添加的油、盐太多，1包净含量100克的辣条含脂肪基本都会高于20克，而我们一天三餐需要的油都只有25克，可想而知麻辣包装食品的油含量有多高。

奶茶、碳酸饮料、蛋糕、饼干等甜点含糖过多。除了额外添加的糖，奶茶里的珍珠、椰果等小料也基本都是糖浆做成的；可乐、果汁等各种饮料添加的糖就更多了；同样，蛋糕、饼干在制作的过程中都添加了非常多的糖。

这些含脂肪多、含糖量高、热量高的食物，偶尔吃一点问题还不大，经常吃、吃得多、运动还少的话，体重就容易超标甚至肥胖。青春期脂肪过多、体重过重，成年后继续肥胖的可能性高达88%，也就是可能“一胖到终生”；肥胖会导致罹患糖尿病、高脂血症、尿酸高等多项代谢问题；青春期的肥胖还会导致身高增长提前、总身高增长不足等一系列问题。

多懂“医”点

一、零食还能吃吗

可以吃零食的，建议青春期孩子在两正餐之间吃一些零食。但要避免高能量、低营养价值的食物，比如高油高糖的零食、饮料。

二、健康零食有哪些

1.新鲜的水果

新鲜的水果可以提供丰富的维生素、矿物质、膳食纤维。青春期的孩子每天可以吃200~350克的水果，相当于中等大小苹果1~2个，不是榨成果汁，果汁能量更高，饱腹感差，且容易超量。

2. 奶及奶制品

奶及奶制品是补钙的最好食物，含钙量高、吸收也很好。青春期每天可以喝奶约300毫升，纯牛奶、原味酸奶都可以，不建议喝含糖量高、太甜的酸奶和含奶量低的奶。

3. 坚果

坚果含丰富的不饱和脂肪酸、蛋白质和锌，对生长发育有促进作用。每天可吃10克左右的坚果，大概相当于2个核桃的量，建议选择原味的。但因为坚果脂肪含量较高，也不适合吃过多。

三、怎么判断胖不胖

判断孩子胖不胖，不同年龄、不同性别标准不一样。2018年国家卫生健康委员会发布《学龄儿童青少年超重与肥胖筛查》标准，用于筛查6~18岁学龄儿童、青少年是否超重或肥胖（表5-2）。筛查指标用的是体重指数［BMI，BMI=体重（kg）÷身高的平方（m^2）］，算出来的结果跟表中的数据对比一下，就知道孩子到底胖不胖了。

表5-2　6~18岁学龄儿童、青少年性别年龄BMI筛查超重与肥胖界值（千克/米^2）

年龄/岁	男生		女生	
	超重	肥胖	超重	肥胖
6.0~	16.4	17.7	16.2	17.5
6.5~	16.7	18.1	16.5	18.0
7.0~	17.0	18.7	16.8	18.5
7.5~	17.4	19.2	17.2	19.0
8.0~	17.8	19.7	17.6	19.4

续表

年龄 / 岁	男生		女生	
	超重	肥胖	超重	肥胖
9.0~	18.5	20.8	18.5	20.4
9.5~	18.9	21.4	19.0	21.0
10.0~	19.2	21.9	19.5	21.5
10.5~	19.6	22.5	20.0	22.1
11.0~	19.9	23.0	20.5	22.7
11.5~	20.3	23.6	21.1	23.3
12.0~	20.7	24.1	21.5	23.9
12.5~	21.0	24.7	21.9	24.5
13.0~	21.4	25.2	22.2	25.0
13.5~	21.9	25.7	22.6	25.6
14.0~	22.3	26.1	22.8	25.9
14.5~	22.6	26.4	23.0	26.3
15.0~	22.9	26.6	23.2	26.6
15.5~	23.1	26.9	23.4	26.9
16.0~	23.3	27.1	23.6	27.1
16.5~	23.5	27.4	23.7	27.4
17.0~	23.7	27.6	23.8	27.6
17.5~	23.8	27.8	23.9	27.8
18.0~	24.0	28.0	24.0	28.0

第四节 我还需要补充维生素D和钙吗?

妈妈:“宝贝,今天记得喝牛奶、吃维生素D哦!”

女儿:“这是小时候吃的,我现在长大了还要吃吗?”

妈妈:“我们还是去咨询下医生吧。”

医生说

在青春期保证维生素D、钙的充足是非常重要的。

钙最重要的作用是保证骨骼和牙齿发育正常，除此之外，还对肌肉功能、激素分泌、心血管神经系统等也有着重要的作用。维生素D的主要作用是促进钙的吸收，维持钙稳态和骨骼健康，缺乏维生素D会影响钙的吸收，导致佝偻病、小腿抽筋等。

青春期身体的生长发育正处于快速增长的时候，对钙的需求量比成年人还要多一些，青春期时储存充足的钙，还可以减少老年后骨质疏松和骨折的发生风险。

多懂"医"点

一、维生素D怎么补

维生素D在食物中含量较低，只有在三文鱼、沙丁鱼、鲭鱼、蛋黄、动物肝脏中会有一些，一般的饮食基本上难以达到需要量。

人体主要是通过日晒的方式获取维生素D，一般在阳光充足的春夏秋季节，正午时分晒大约10~15分钟（光照不强时需要1~2小时）就能够合成足够的维生素D了。但实际情况是，青春期孩子每天学习时间比较长，到户外接受足够的阳光照射的机会较少。

可以服用维生素D补充剂，青春期对维生素D的需要量是每天400U。

二、钙怎么补

补钙首先以食物为基础。饮食搭配好的话，从食物里就能获得充足的钙。只有从食物中摄入钙不足时，才考虑适当补充钙剂，但需在专业的营养医师指导下服用。

三、钙丰富的食物有哪些

首选奶及奶制品。每100毫升牛奶中钙含量高达104毫克，牛奶含有的乳糖、维生素D还可以促进钙的吸收，因此牛奶里钙的吸收利用率很高，如果有乳糖不耐受的可以选择0乳糖牛奶如舒化奶，还可以选择酸奶，它们的含钙量与普通牛奶差不多甚至更高。

第二大类是豆类和豆制品。比如黄豆，100克黄豆含191毫克钙，黄豆制成的豆制品也可以，而且越结实的豆制品含钙量越高，如卤水豆腐、豆腐干、豆腐丝等。

绿叶蔬菜钙含量较高，但其中的草酸会影响钙的吸收，应在烹调时沸水焯一下去除大部分草酸，如菠菜、苋菜。

坚果、带壳的小鱼小虾含钙量也不错，100克芝麻酱含钙约1170毫克，100克虾皮含钙991毫克。但是坚果属于脂肪多的食物，虾皮属于盐分多的食物，每天只能少量吃。

四、钙是不是补得越多越好

缺钙会影响生长发育，但补钙也不是多多益善。钙摄入过多也会带来健康问题，比如，引起便秘，干扰铁和锌的吸收和利用，增加肾结石、前列腺疾病和心脏病的风险。中国营养学会建议，青春期孩子11~13岁时每天需要1200毫克，14~17岁时每天需要1000毫克，但是每天钙的摄入量不要超过2000毫克。

第五节 让人忧虑的减肥餐

“微胖女孩”的小烦恼:关于减肥那些事

女儿:“妈妈，我同学小薇这段时间在减肥，不到2个月的时间，瘦是瘦了很多斤，可是最近她说她掉头发、记性变差了、月经也不规律了。我还发现，她性格也没有之前那么开朗了，她好像更忧郁了。这是怎么回事呀?”

妈妈:“小薇有没有告诉你，她是怎么减肥的呀?”

女儿:“她说她早上不吃，中午在学校不吃米饭，只吃一点点蔬菜，晚上也不吃饭，只吃一点肉。”

妈妈:“这样吃，那会营养不良，这种方法不对。”

女儿:“那她应该怎么减肥呢?”

妈妈:“我们一起听听医生怎么说吧。”

医生说

长胖，归根到底是摄入的能量超过消耗的能量，导致多余的能量以脂肪形式存储在人体。长期摄入多于消耗，自然就胖了。

很多人都认为，减肥就应该不吃饭或少吃饭，采用节食甚至绝食的方式。但是采用饥饿方法减肥既有害健康又难以坚持，甚至容易出现报复性反弹，得不偿失。合理地限制饮食，保证营养素的适量均衡，才能科学减重。

多懂“医”点

科学减重前的准备工作

重点：制订正确的减脂饮食计划

第一步，平衡！平衡！

根据“中国居民平衡膳食宝塔（2022）”，每天的膳食应包括谷薯类、蔬菜水果类、畜禽鱼蛋奶类、大豆坚果类等食物。建议每天摄入12种以上食物，每周25种以上。食物多样、谷类为主就是平衡膳食模式的重要特征。

中国居民平衡膳食宝塔(2022)

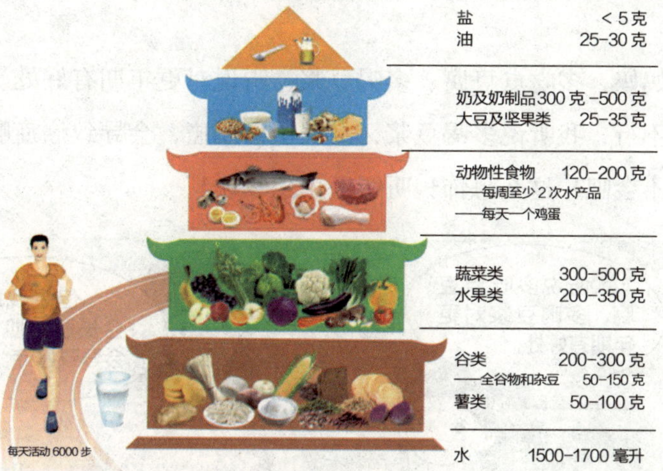

第二步，了解自己的进食量——做好饮食笔记

减肥开始前，找1~2天时间，尝试着把每天吃的所有食物一个不落的全部记录下来。让自己看看，你到底吃进去了多少东西。通过连续几天的记录后，你会找到自己的饮食规律，还会惊讶于自己的进食量。

第三步，一周健康饮食——准备食材

建议大家在开始减重前，先准备好健康的食材。购物时，可选择水果、蔬菜、坚果、红米或燕麦米等粗粮以及瘦肉、鱼虾、脱脂奶或无糖豆浆等。避免在购物车中放入蛋糕、薯片、巧克力、辣条等食品。

第六节 更年期的我能多吃豆制品吗？

女儿：“妈妈，多吃点豆腐、多喝豆浆，听说对更年期有好处。”

妈妈：“不行，我听说多喝豆浆，会长子宫肌瘤，会导致癌症啊！”

女儿：“不会吧！这么恐怖！听听医生怎么说！”

医生说

豆制品中含有植物雌激素——大豆异黄酮，具有双向调节女性内分泌的功能。但它和雌激素并不一样，只是化学结构类似，类雌激素不等于雌激素，生物活性很低，效果会弱很多。因此，想通过喝豆浆补充雌激素是不可能的，也无需担心喝豆浆会让体内雌激素过高，增加乳腺癌或者子宫肌瘤风险。

多懂“医”点

一、植物雌激素是什么

植物雌激素是一类天然存在于植物中的化合物，因生物活性类似于雌激素而得名，大豆中的大豆异黄酮就属于其中之一。扁豆和谷物中的木酚素、黄豆芽中的香豆素，都是植物雌激素。

植物雌激素具有与雌激素相似的分子结构，可产生与雌激素类似的作用，但作用有限。体内雌激素不足时，它可以起到少许补充雌激素的作用；而当体内雌激素水平过高时，它又可以起到部分抑制作用，故植物雌激素相当于激素调节器。

二、豆制品会让子宫肌瘤长大、会得乳腺癌吗

不会。年轻时，体内雌激素分泌旺盛，食用豆制品，大豆异黄酮可以适当降低过高的雌激素水平；进入更年期，卵巢功能减退，食用足够的豆制品，进入体内的大豆异黄酮可以微弱提高雌激素水平，缓解部分更年期症状，尤其是潮热、盗汗等症状。

第七节 土豆、玉米真的能降糖吗？

关于血糖那些事

女儿：“老妈，你最近吃饭怎么总是吃土豆、玉米呀？”

妈妈：“听说土豆和玉米能降糖。”

女儿：“老妈，蒸土豆、煮土豆，蒸红薯、煮玉米，你能吃得惯？”

妈妈：“没胃口，而且血糖忽高忽低。”

女儿：“不行，还是听听医生怎么说吧。”

医生说

合理控制总能量是糖尿病营养治疗的首要原则。对于患有糖尿病的肥胖者需要减少能量摄入，减少体重；而消瘦者必须增多能量摄入，增加体重。

控制生糖指数高的碳水化合物摄入。血糖生成指数（GI）指的是人体食用一定量食物后会引起多大的血糖反应，是衡量食物引起餐后血糖反应的一项有效指标。GI越低，越有利于血糖控制。糖尿病患者在选择食物时应注意食物类别，食物GI值依食物种类不同而有所差异，在主食中面食的血糖指数和吸收率比米饭低，粗粮和豆类低于米面等。等量碳水化合物食物选择时，可有限选择低血糖指数食物（表5-3至表5-5）。

表5-3　几种常见的低血糖指数的食物（GI＜55）

食物	GI	食物	GI
荞麦方便面	53.2	即食大米（煮1分钟）	46
大豆	18	山药	51
土豆粉条	13.6	通心粉（管状，空心，约6.35mm粗，煮5分钟）	45
葡萄	43	四季豆	27
樱桃	22	藕粉	32.6
蒸芋头	47.9	花生	14

表5-4　几种常见的中等血糖指数的食物（GI=55~70）

食物	GI	食物	GI
甜玉米（煮）	55	油炸土豆片	60.3
芒果	55	菠萝	66
冰激凌	61	小米粥	61.5
（无核）葡萄干	64	全麦面包	69
煮土豆	66.4	爆米花	55

表5-3　几种常见的高血糖指数的食物（GI＞70）

食物	GI	食物	GI
蚕豆	79	土豆泥	73
糯米饭	87	大米饭	88
胡萝卜	71	白面馒头	88.1
油条	74.9	面条（小麦面条）	81.6
南瓜	75	蒸红薯	76.7

在上述的营养干预之外，还需要注意限制脂肪摄入量，选择优质蛋白质，补充维生素和无机盐，增加膳食纤维，合理安排餐次。

通过食物、运动、药物三者的科学结合，再加上糖尿病教育、糖尿病监测就能够有效控制病情。

多懂“医”点

一、糖尿病前期需要进行营养管理吗？

诊断糖尿病前期的标准包括糖耐量减低、空腹血糖受损或代谢综合征。糖尿病前期反映了机体处于胰腺功能失代偿到潜在的胰岛素抵抗状态，通常由超重和肥胖引起。超重和肥胖患者体内能量过剩时，通常会发生胰岛素抵抗。糖尿病前期需要通过控制体力活动和限制能量摄入的方法控制体重。皮下脂肪减少会减轻胰岛素抵抗，并有效防止进展为糖尿病，还可以改善血脂和血压。

二、我听说有一种地中海饮食，适合糖尿病患者吗？

在《美国新闻与世界报道》发布的2022年度最佳饮食榜单中（https：//health.usnews.com/best-diet/best-diabetes-diets），地中海饮食排行第一。

地中海饮食不仅蝉联了最佳饮食排行榜冠军，而且还在最佳植物性饮食、最佳心脏健康饮食、最佳糖尿病饮食和最容易遵循的饮食几个分项中也排名第一。

地中海饮食是目前最健康的饮食方式之一，以种类丰富的植物性食物为基础，它有着丰富多样的饮食结构。具体如下：

每天都吃的食物：全谷物、水果、蔬菜、豆类、香料、坚果和健康脂肪，如橄榄油。

每周吃两次鱼和海鲜。

适量的乳制品、鸡蛋和偶尔食用的家禽。

偶尔吃红肉和甜食。

三、甜味剂能吃吗？

目前常见的甜味剂主要有：木糖醇、氨基酸糖类（如阿斯巴甜、甜蜜素）、甜菊苷等。这些甜味剂的特点是：在代谢过程中不需要胰岛素的参与，不升高血糖，而甜度较高，糖尿病患者可以食用。但是，在糖尿病患者出现低血糖时，不能靠吃甜味剂食物来缓解低血糖。

第八节　尿频尿急，中医喝茶就能治？

患者：“隔几个月就要发生一次尿路感染，老感觉要上厕所，憋不住尿，吃消炎药时好时坏，老是复发，为什么？”

医生：“看检查报告单，做体查。”

患者：“听说喝中药茶饮可以根治。”

医生说

一、为什么更年期女性容易出现尿路感染

1. 更年期女性生理特点

免疫力下降、激素水平下降导致尿道黏膜萎缩，黏膜分泌体液功能减弱，容易出现尿路感染。

2. 不良的生活起居习惯

如喝水少、爱憋尿、会阴清洁习惯不良等，会导致尿道内细菌聚集滋生。另外尿路感染常见的致病菌是大肠埃希菌，平时如厕时使用手纸应从前往后擦拭。会阴清洁的方法不正确，也会导致尿道被粪便污染而致病。

3. 用药不当所致

反复发生的尿路感染，部分和治疗有关，如治疗时用药不彻底，或长期反复使用同一类药物而出现抗生素的耐药。

二、尿路感染时应该怎么治疗

尿路感染多数是泌尿系统受到细菌感染导致的，对于尿路感染，临床上使用的抗生素种类繁多，下面举出最常用的两大类药物：

1. 喹诺酮类

含有“沙星”类字样的抗生素，常见有左氧氟沙星、莫西沙星等，属于广谱抗菌药，是用于治疗尿路感染最常见的一类药物。

2. 头孢类

头孢类也是治疗尿路感染常见的抗生素，包括头孢呋辛酯、头孢地尼等，为避免引起过敏反应，使用前需进行皮肤试验，如过敏则禁止使用。

通常情况下，尿路感染会在1~2周内治愈，若症状长时间无法缓解、药物治疗无效时，应进行更为详细的检查，如血尿常规、尿涂片镜检细菌、中段尿细菌培养、肾功能检查、泌尿系B超等。排除尿路梗阻、尿路结石甚至是特异性感染的可能。

多懂“医”点

一、中医怎样看待尿路感染

尿路感染隶属于中医“淋病”的范畴，病因以湿热为主，病位在肾与膀胱，尽管现代医学采用抗菌治疗疗效尚满意，但采用中医药治疗，简、便、效、廉，性价比更高，且在慢性尿路感染的治疗上，中医药更有优势。

二、中医怎么治疗尿路感染

1.常用简便方法——车前草代茶饮

车前草可清热利尿、凉血解毒，针对湿热下注导致的尿频、尿急、尿痛症状有显著疗效。通常选用车前草10克，用500毫升开水冲泡代茶饮，直至药茶无味可再次更换，症状消失后需立即停药。(注意事项：体质虚弱，气血亏虚的更年期女性不宜长期服用，以免损伤正气。)

2.在中医生的指导下应用一些中成药辅助治疗

如八正胶囊、银花泌炎灵片、热淋清颗粒、三金片、复方石韦片等，药物组成以中药材为主，性质稳定、副作用较小，也能有效缓解尿路感染症状。

3.怎样预防尿路感染反复发作

（1）加强体育锻炼，规律作息，多食富含维生素的食物，清淡健康饮食。

（2）提高免疫力是减少尿路感染反复发作的关键。

（3）发病期间多饮水。

（4）增加排尿量，利用体内无菌尿液由内向外的冲刷作用，清洁尿道，帮助尽快清除尿道内病原菌。

（5）注意保持会阴部清洁。注意性生活及经期的外阴卫生。

第九节 更年期妈妈能吃固元膏吗？

主播1：“你们想变得明艳动人吗？你们想变得身强力壮吗？它来了，滋补养颜圣品——固元膏。”

客户1：“更年期身体虚弱，能吃吗？”

主播2：“当然可以，吃了它，腰酸腿痛、皮肤暗沉、烦躁失眠、乏力出汗，全部都可以缓解！”

客户2：“月经乱，肚子痛，有用不？”

主播3：“当然有用，吃了它，姨妈不痛，月月轻松，固元膏功效强大，总之就有病治病，没病强身！”

主播1：“买它！买它！买它！3、2、1上链接！”

医生说

一、固元膏是什么

固元膏是传统的宫廷御用补益药膳，它以阿胶为主要原料，用黄酒烊化后，加适量黄冰糖或蜂蜜调味，放入切碎的大枣、枸杞子、黑芝麻、核桃、酸枣仁、龙眼肉、玫瑰花，装盘凝固后切片即可食用，因制作工艺相对简单，可在家自制，根据个人口味及需求加减用料。

二、固元膏适合更年期女性吗

固元膏中的阿胶、大枣，是益气补血的佳品，其中加入枸杞子可补养肝肾；黑芝麻、核桃可益智健脑；玫瑰花疏肝养颜；酸枣仁、龙眼肉可安神定志。

中医认为“女子以血为先天”，气血虚弱容易导致更年期女性出现月经紊乱、面色萎黄、体虚乏力、烦躁失眠、烘热出汗、头晕耳鸣等病症，故而固元膏针对气血亏虚导致的更年期诸症尤为适宜。

多懂“医”点

一、更年期的女性，都能吃固元膏吗

服用固元膏需要因人而异，以下几种人群，千万不可乱吃！

第一类：脾胃虚弱的女性

平时稍食寒凉辛辣之物，便容易腹胀、腹泻的女性，或者本身就患有严重的胃炎、肠炎的患者，不适合吃固元膏。

第二类：痰湿体质的女性

肥人多痰湿，尤其是腹型肥胖，说话间喉头痰多的女性，不推荐食用固元膏。

第三类：患有“三高”的女性

高血压病、高脂血症、糖尿病的患者不建议食用固元膏。

二、服用固元膏有讲究

（1）时令讲究：固元膏是补益类药膳，性质偏于滋腻，适合秋冬季节服用。

（2）地域讲究：北方秋冬季节较长，干燥寒凉节气时间较长，可酌情长期服用；而南方地区常年湿气较重，不适宜长时间食用。

（3）时机讲究：补养类药物，不适合在外感疾病时服用（例如感冒、腹泻等）。

三、选品要注意

（1）看价格：太便宜的不要买。固元膏中的阿胶是一味很贵的药材，道地药材从原料到炮制人工都有严格工艺流程要求，因此价格昂贵。建议去正规医院和厂家购买，不要贪便宜。

（2）看产品：选择有淡淡腥味的为宜。道地阿胶为驴皮熬制而成，即使是炮制过的药材，也会有明显的腥膻味。

固元膏确实是养生良方，但是养生不等于治病，一定不能乱吃、滥补，最好在医生的指导下服用。

第十节 每天一万步，我的运动合理吗？

妈妈：“快来看看，我这周的运动成果，平均每天一万步，在朋友圈排名位于前列！”

女儿：“我那天在网上看到说，每天一万步不一定是合理的运动呢，运动不合理还会对膝盖有损伤。”

妈妈：“真的吗？那我去咨询一下医生。”

医生说

随着手环和微信运动的普及，越来越多的人开始“刷步数”，每天达到一定的步行量，似乎也能在一定程度上实现自己的有氧训练。但是手机里显示的一天累计走了一万步并不等于运动了一万步。如果你步行的强度很低，并不能引起身体良性的应激反应。一般而言，走一万步消耗的热量240~300cal。这一万步的数字看起来很美，能不能达到实际热量的消耗却不一定。

多懂“医”点

一、生活步数就是运动步数吗

从对健康的增益来看，单纯看步数意义不大。想走出健康，强度是关键，一般来说要达到中等强度以上。一个简单的判断标准是运动心率：健康且体质较好的，心率可以控制在120~180次/分；中老年或慢病人群，心跳大致控制在(170－年龄)~(180－年龄)/分。

二、更年期运动的好处有哪些

(1)能够提高女性的代谢，能促进胆固醇的降解和代谢，降低血管细胞黏附分子的生成等，减少心脑血管疾病的发病率。

(2)预防和延缓老年人肌肉衰减综合征。尤其是以抗阻运动为基础的运动，能有效改善肌肉力量和身体功能。

(3)使锻炼者产生一定的疲劳感，会促进深度睡眠，全面提升睡眠质量。

(4)转移不愉快的意识、情绪和行为，使人从烦恼和痛苦中摆脱出来。经常参加体育锻炼可以使锻炼者的注意、记忆、反应、思维和想象等能力得到提高，还可以使其情绪稳定、性格开朗、疲劳感下降等。

三、更年期适合的运动有哪些

1.有氧运动

有氧运动是指采用中、小强度，以有氧代谢供能为主的长时间运动。比如：①周期性运动，主要有走、慢跑、游泳等；②球类运动，包括休闲类的羽毛球、乒乓球、网球等；③拳操类运动，如太极拳、八段锦、五禽戏、气功等。建议有氧运动一般每周至少进行3~5次，每次锻炼30~60分钟，运动强度保持在中等或中上，一般建议身体健康、经常锻炼的更年期女性可将运动时的心率控制在最大强度的60%~75%；不经常锻炼者可将心率控制在55%~65%。最大心率可用220减去年龄来粗略估计。

2.力量训练

力量训练可以增强肌肉力量、使骨骼坚硬，有助于防止骨质疏松的发生。

（1）自重训练。包括健步走、慢跑、跳舞、仰卧起坐、平板支撑以及一些小负荷重复动作的力量训练等。

（2）器械训练。如哑铃、灌装水或沙的矿泉水瓶、杠铃等，对增加骨密度具有良好的效果。

3.柔韧性运动锻炼

柔韧性运动锻炼能提高关节的肌肉、肌腱、韧带等组织的伸展性，增大关节活动范围，提高身体的灵活程度。

推荐的柔韧性动作有压腿、弓步下压、弯腰摸脚、坐位抓脚趾、坐位抬双手、平躺抱腿、平躺抱膝、平躺拉腿等，如果没有运动经验，最好在教练的指导下进行。

四、更年期运动的注意事项是什么

（1）运动前要做好热身运动。如果在肢体没有完全适应的情况下就进入运动状态，容易出现意外受伤的情况。

(2)运动过程中需要注意强度。选择适合自己的运动方式，切不可进行超负荷运动，以免发生意外。

(3)运动需要循序渐进。不要一下子进行身体无法承受的运动，应从低强度到高强度运动慢慢过渡。

第十一节 我有高血压，能吃重口味的菜吗？

关于高血压那些事

女儿：“老妈，您血压高，医生说要吃得清淡一些，少油少盐，您看看这一大桌子菜，红烧肉、糖醋排骨。这可不利于你降血压。”

妈妈：“饭菜没有油盐，可怎么吃呀。”

医生说

在未使用降压药的情况下，收缩压≥140mmHg和/或舒张压≥90mmHg，就称为高血压。

高血压营养原则：

（1）减少钠盐：建议每人每天食盐量不超过5克；特别注意减少调味品和含盐高的腌制品，包括酱油、味精、咸菜、酱豆腐等。

（2）减少膳食脂肪：调整肉食结构，提倡吃鱼、虾、鸡、牛肉、大豆等。

（3）注意补充钾和钙，蔬菜和水果是钾的最好来源，如每天吃300~500克新鲜蔬菜和200~350克水果。奶及其制品的含钙量丰富，吸收率高；发酵的酸奶更有利于钙的吸收。

多懂“医”点

一、终止高血压饮食

强调增加蔬菜、水果、低脂（脱脂）奶、全谷类食物；减少红肉、油脂、精制糖及含糖饮料；建议进食适当的坚果、豆类，以提供丰富的钾、镁、钙等矿物质和膳食纤维，并且建议增加优质蛋白质、不饱和脂肪酸，减少脂肪尤其是脂肪酸和胆固醇。

二、怎么进行呢

终止高血压膳食并不意味着你需要一夜之间做出剧烈改变，相反地，你只需要从最容易的小变化开始。

(1)每餐添加一种蔬菜或水果。

(2)每周进食两顿或更多的无肉餐。

(3)用草药和香料使食物在没有盐的情况下更加美味。

(4)用杏仁或山核桃代替薯片作为零食。

(5)把白面换成全麦面粉。

(6)午餐或晚餐后散步15分钟。

第六篇

更年期保健篇

第一节 怎样判断我进入更年期了？

妈妈："近半年，我的月经量越来越少了，而且月经周期也开始紊乱了，我才43岁，是不是进入更年期了？这也太早了吧！"

爸爸："如果担心就到医院去看看吧。"

医生说

更年期是指从卵巢功能开始衰退直至绝经后一年内，也称为“围绝经期”。更年期是一个阶段，月经改变最早出现，是从有生育能力向无生育能力逐渐衰退到老年的过渡时期，这个时期卵巢功能变化较大，雌激素、孕激素分泌紊乱，就容易出现与卵巢功能变化相关的一些疾病。

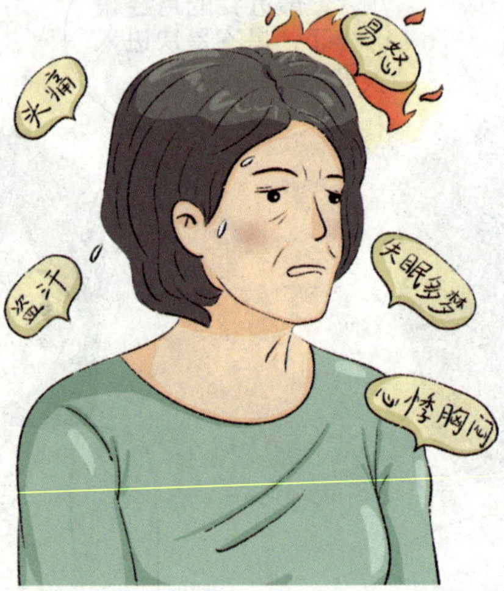

多懂“医”点

一、更年期常见的表现有哪些

因为卵巢功能的衰退，全身各系统功能都有变化。最常见的就是月经紊乱，月经周期的缩短或者延长，月经量忽多忽少，经期延长或月经淋漓不尽。大部分女性到更年期会出现潮热盗汗、睡眠不佳等精神症状，有时还会出现抑郁、焦虑、全身乏力、尿痛、阴道炎、性生活疼痛、关节酸痛等症状。最严重的是，后期可能并发如骨质疏松、老年性痴呆、心血管疾病、脑卒中、心肌梗死等疾病，严重影响生活质量。一般持续5~10年，存在个体差异。

二、更年期的月经紊乱需要处理吗

1. 月经周期紊乱

从规律的月经周期变为异常阴道出血，有时达1~2个月不止；也可发生大量阴道出血，可出现头晕、乏力、心慌、气短等贫血症状。

2. 月经稀发

间隔延长，变为2~3个月甚至更长的时间。月经量可正常或者较前减少，间隔时间逐渐延长到4~5个月或半年，以后逐步完全停止。

3. 月经频发

间隔时间变短，缩短为小于21天，月经量可正常或者较前减少。出现以上月经紊乱的情况，建议到医院进行专业检查后，进行相应的处理。

三、更年期什么时候才结束

更年期不是一个时间点，而是一个阶段。更年期的开始和结束没有一个固定的时间点，大部分在40~60岁之间。一般将女性40岁以后开始出现月经规律的改变，10个月之内有2次规律性改变（月经周期长度变异≥7天）定为更年期的开始。必须强调，更年期也是许多疾病（包括肿瘤）的好发时期，首先要到医院进行正规的检查，排除一些器质性疾病，不能把更年期女性出现的所有病症都简单地归属于更年期症状，一定要进行相关的检查后才能判断。

第二节 我们如何关爱更年期妈妈？

张医生的诊室故事

年仅50岁的薛女士第一次进到更年期诊室时，是被她的儿子和儿媳分别左右夹着胳膊扶持进门的。薛女士行动不便，伛偻憔悴，虚弱呻吟。儿媳告诉我，薛女士一直尽心帮忙带孩子，2年前绝经开始出现潮热盗汗，骨关节疼痛，失眠烦躁；1年前开始关节疼痛加重，不能抱孩子；半年前在家里平地跌倒后下肢骨折。骨科医生告诉他们，是更年期后骨质疏松症导致的脆性骨折，所以带薛女士过来看更年期门诊。薛女士哭诉她没得治了，她自己的母亲也是她这个年龄第一次骨折，不到60岁二次骨折就瘫痪在床多年，如今她这样不能帮孩子的忙反成了孩子们的累赘。

完成了更年期的检查评估，薛女士确诊更年期综合征、骨质疏松症，给予她绝经激素补充治疗、抗骨质疏松治疗，营养运动和心理指导。半个月其后潮热盗汗、睡眠问题缓解；1年后复查骨密度增加了10%，关节疼痛消失，又能带孙子做家务了。薛女士更年期保健坚持至今5年了，目前骨密度恢复正常，每每儿媳陪她复诊，就与我感叹，早知道有更年期保健治疗，她母亲当年就不会骨折、不会那么痛苦。如今做儿女的有机会帮到更年期的妈妈，不仅减少了母亲的痛苦，也减少了儿女养老护理的压力。

医生说

更年期综合征发生的原因就是卵巢功能衰退后雌激素缺乏。雌激素是钙进入骨骼维持骨密度的桥梁，当更年期体内缺乏雌激素，易发生骨密度下降以致骨质疏松症，继而增加骨折风险。

雌激素对于女性很重要，女性进入更年期后会出现月经不调，生育力下降；雌激素的缺乏还会导致自主神经系统症状包括潮热盗汗，睡眠问题，情绪抑郁；更是会导致皮肤黏膜退化萎缩，表现为皮肤皱纹、长斑，阴道干涩等；雌激素也是心血管的保护伞，绝经后女性患心血管疾病的风险大大增加；雌激素与大脑记忆力，认知能力有重要关系，老年痴呆症的发生增加与更年期雌激素的缺乏也有一定关系。

多懂“医”点

更年期妈妈，我们该如何关爱她？

家有40岁以上的更年期妈妈，儿女需要了解一些更年期的科普知识。当更年期妈妈出现潮热盗汗、情绪问题、睡眠问题时，要提醒妈妈看更年期门诊，专科医生会通过检查评估是不是更年期问题，需不需要治疗，能不能用药，用什么药及用多少量。

因为更年期的问题导致妈妈出现烦躁易怒，或者抑郁爱哭，儿女应给予更多的包容理解，多沟通聊天，让妈妈保持社交活动，维持心理健康。

帮妈妈买钙片和多种维生素，提醒其每天需要补钙600毫升，更年期保健医生也会给予营养指导，预防高血脂、高血糖、高血压及心血管疾病等老年疾病。

提醒妈妈坚持运动锻炼，晒太阳。像薛女士这样带孙子一起户外活动，晒太阳补充维生素D，运动锻炼出出汗，对健康是非常有益的。

第三节 妈妈更年期了，出现各种不适怎么办？

女儿："老妈，你特别没精神，眼圈都黑了，脸色也不好，动不动就发火，是不是生病了，我好担心你。"

妈妈："我昨天又没睡好，总是做梦，出汗。白天也好烦躁。"

爸爸："我昨天陪你妈妈去看病了，没毛病，医生建议去更年期门诊。"

妈妈："我问了你外婆，说忍几年就好了，不去看，乱花钱。"

女儿："那怎么行，外婆总是腰痛，血压也高，背也驼了，我可要妈妈又健康又美丽又开心，我陪你去听听医生怎么说。"

医生说

更年期不适并不是忍忍就能过去的。

更年期卵巢退休了，不再分泌雌激素，而雌激素呵护着女性所有的身体器官，它的缺失会带来各种不舒服。有的研究显示，潮热盗汗等症状平均持续时间达7.4年，84%的女性会至少出现一种典型的绝经相关症状，严重影响女性生活质量，同时也会导致各种慢性病增加。

妈妈现在正处于这个时期，可以先做一下激素水平检查，判断是否处于绝经状态，妇科和乳腺的超声检查排除其他问题，可以选择做激素补充治疗或者中成药治疗，大部分都是可以缓解的。

多懂“医”点

一、更年期的本质

由于卵巢功能逐渐衰退，卵巢内的卵泡数目逐渐减少直至耗竭，雌激素水平波动性下降直至永久性低下，月经永久性停止。它的本质就是雌激素的缺乏。中国妇女平均绝经年龄在50岁左右。

二、如何自我判断更年期可能来了

最早的信息就是月经改变，月经周期长短不一(即月经紊乱)，10次月经中有2次或以上发生邻近月经周期改变≥7天。

三、雌激素水平下降会带来哪些危害

(1)早期主要为血管舒缩症状，如潮热盗汗，感觉异常，情绪变化。入睡困难，

多梦、睡眠中断易惊醒或早醒等，严重者甚至不能入睡，记忆力下降，自觉变迟钝了等。

（2）泌尿生殖道症状：阴道、宫颈、子宫和泌尿道上皮是雌激素的敏感靶器官，更年期易发生萎缩性改变，会出现阴道灼热，尿急尿频，阴道干涩及性交疼痛等症状。

（3）骨量下降：雌激素可对骨骼起保护作用，缺乏雌激素易发生骨质疏松症，尤其是腰椎骨质疏松，压缩性骨折，表现为腰背疼痛，身材变矮等。

（4）其他慢性病风险：雌激素对绝经早期心血管系统具有保护作用，雌激素水平下降，血糖、血脂代谢紊乱，心血管系统疾病风险增加。

四、更年期保健措施有哪些

1.主动学习更年期健康知识，做自己健康的第一责任人。

2.保持健康的生活方式，饮食营养方面注意保持低脂肪、低盐、低糖，适当地补充膳食纤维、微量元素、维生素。

3.禁烟限酒。

4.保持长期运动习惯：每周至少3次，30 分钟/次，强度达中等，每周增加2次肌肉力量锻炼。

5.做好体重管理，体重指数保持在18.5~23.9；保证充足的睡眠，每天睡眠7~8小时，午睡15~20分钟；适度的性生活可以保持生殖器官健康。

6.管理好月经：有月经紊乱及时就诊。

7.定期体检：筛查重点疾病，如两癌筛查，高血压、高血脂、糖尿病、冠心病、骨质疏松等筛查，焦虑、抑郁需提早防范。

8.更年期综合征诊治：激素补充治疗，中药治疗等。

第四节 补充雌激素可以应对更年期各种问题

妈妈:“昨天听办公室的周姐说，她更年期一直在吃雌激素，什么症状都没有了，不知道我可不可以用。”

女儿:“激素啊，怎么听起来有点可怕。”

外婆:“不能乱吃药，会得癌症的。我们那个时代，啥也没吃，也一样生活。”

爸爸:“那也不能这么说，时代不一样，医学在进步。你这么难受也不是个办法，昨天检查的结果应该出来了，我们还是去医院听听医生的建议吧。”

妈妈:“我能接受吃药，就是怕会长胖。”

医生说

检查结果显示你确实是处于更年期状态了，这些症状也是因为雌激素水平下降引起的，建议进行激素补充治疗。

人体内的激素有很多种，各司其职，缺一不可；卵巢分泌雌激素，没有它更年期症状就会接踵而至，慢性病风险也会增加。

更年期激素补充治疗遵循缺什么、补什么的原则，更年期缺的是雌激素，补充能迅速缓解症状。昨天评估了你现在没有禁忌证，可以用药。目前常用的药物多为天然雌孕激素，使用剂量也很小，适当的补充不仅能让你现在的潮热盗汗症状消失，还可改善你的睡眠，用的时间长，也能减少骨量下降的风险。

不用担心长胖，激素补充并不会造成体重增长，体重的变化更多是年龄导致。调节饮食，控制总量摄入，保持定期运动，就能维持好身材了。

多懂“医”点

一、更年期激素补充治疗有什么好处

1.改善绝经相关症状，如月经紊乱、潮热、多汗、睡眠障碍、疲倦、情绪障碍等。

2.改善阴道干涩、外阴阴道疼痛、瘙痒、性交痛等。

3.减缓骨量丢失，预防骨质疏松性骨折。

4.降低心血管损害，有助于血糖控制，增加皮肤水分，减少皱纹等。

二、更年期激素补充有哪些风险

1.可能增加血栓风险：肥胖、吸烟者，患有高血压、糖尿病等慢性病者属于高危人群。经雌激素补充能减少风险。

2.可能增加乳腺癌风险：雌激素单独疗法不增加风险，雌孕激素联合可小幅增加，每年每1000名使用者中增加1例乳腺癌诊断病例，该风险略高于每天喝一杯葡

萄酒的风险，低于每天喝两杯葡萄酒的风险，与肥胖和低体力活动的风险相似。不增加乳腺癌死亡率。

3.可能增加患胆结石、胆囊炎风险：经皮使用可降低风险。

三、人人都可以用吗

激素补充治疗属于医疗措施，必须在医生指导下，明确有使用指征，排除禁忌证，比如曾经有乳腺癌病史、子宫内膜癌病史，或严重肝肾功能异常，半年内有血栓性疾病等，再由医生评估后，选择适合本人的方法进行。

四、能使用多长时间，能永葆青春吗

可以根据本人状况决定使用时间。

对于40岁以前绝经的，推荐至少使用到平均绝经年龄，如到50岁，之后再评估是否继续。

其他更年期女性，建议在绝经早期尽早使用，定期评估，可以根据本人意愿长期使用，不限制时间。

五、只能口服吗？吃了会来月经吗

可以根据本人需求选择，用药方法：口服、皮贴、局部用药、外用等。根据自己计划选择是否来月经。如果有子宫，想来月经，年龄不大，可用雌孕激素序贯方法，可以来月经；不想来月经，可以用雌孕激素连续联合方式。

如果没有子宫，用雌激素就行，口服、皮贴、凝胶都可以。

六、可以自己买药吗

不可以，需要每年进行风险收益评估，建议由更年期门诊专科医生评估，个体化选择方案。

第五节 补充激素会长胖吗？

妈妈：“医生，我最近月经开始不规律，而且容易出汗，潮热，晚上睡眠也不好，情绪容易激动。这个药能吃吗？”

医生：“您的症状评分25分，症状很明显，这个是更年期激素补充的药，很对症，上次开的为什么没吃？”

女儿：“医生，我妈不敢吃，听别人说补激素会长胖。”

医生说

更年期激素补充治疗不会长胖。

更年期激素补充治疗就是适当地补充缺少的雌激素，缓解不适症状。雌激素是身体的指挥棒，它调节着身体脂肪的数量、体积以及分布。如果雌激素水平下降，调节功能减弱，就会导致脂肪体积增大、数量增多，囤积到腰部、内脏等地方，同时更年期身体的代谢能力下降，需要的能量减少，比年轻时更容易发生肥胖。

多懂“医”点

一、激素长胖的元凶——糖皮质激素

糖皮质激素是一种代谢性的激素，能够使蛋白质分解加速，脂肪重新分布，在脸上、腰腹部蓄积，四肢反而会瘦小，医学上称为向心性肥胖。这是大家认为所有的激素导致长胖的误区。

二、雌激素会不会导致长胖呢

恰恰相反，雌激素是维持女性苗条的关键物质，青春期女性因为有足够的雌激素才能保持“S”曲线，而更年期缺乏雌激素，脂肪在腰腹部堆积因而失去女性曲线。适当地补充雌激素，恰恰可以减少体内的脂肪合成含量，促进脂肪代谢，减少腹部脂肪的堆积。有一小部分人在使用激素补充治疗后体重增加了，更多是因为减轻了更年期的种种不适症状，睡眠好转、食欲好转，摄入食物增多了，自然就会长胖一些。

第六节 更年期女性还可以有“性福”吗？

诊室小故事

李女士和赵女士在同一个上午来就诊，李女士身姿优雅，看上去不过50岁出头的样子，但是她的病历上清楚地写着：70岁。翻阅厚厚的门诊病历资料，她从48岁进入更年期就因为阴道干涩导致性生活障碍，第一次走进更年期诊室，开始保健治疗至今，每年见面4~5次，多年来已是老朋友。我问她：“您现在症状怎么样？”她说：“很好，爱人身体也很好，我们现在半个月一次性生活，一切都很好，每周一起爬一次岳麓山呢。”

与李女士擦肩走进我诊室的赵女士，焦躁不安地靠坐在诊桌前，哭着说：“医生，做女人造孽呢，讲起来都不好意思。我都绝经2年了，崽都要娶媳妇了，老头子还烦死人，老吵着要同房，我疼得不行，有什么办法吗？”她的病历上写着年龄：50岁。

这前后两位年龄相差20岁，生活质量差别令人感叹。常言道：冷暖自知。更年期保健医生，常常能感知更年期女性的痛苦和难言之隐。也幸好，她终究还是在爱人的推荐下，走进了更年期门诊。

医生说

雌激素可使阴道黏膜上皮细胞周期性地增生、角化、脱落，并维持阴道的内环境呈弱酸性。进入更年期后，体内雌、孕激素的缺乏，导致阴道壁变薄，弹性减退、阴道变短变窄，分泌物明显减少，因此出现阴道干涩，性生活疼痛；阴道自净能力减退，老年性阴道炎反复发生，尤其是性生活后，可能出现分泌物增多甚至阴道出血。

雌激素可促使外阴阴唇丰满，色素加深；缺乏时，外阴开始退化甚至萎缩，表皮变薄，弹性减退，阴道口也逐渐缩小，发硬，尿道口受萎缩的阴道前壁牵拉倒向阴道口。因而更年期女性性欲减退，性生活后可能出现外阴阴道炎，甚至尿路感染。

多懂"医"点

更年期女性还可以有"性福"吗?

答案是肯定的。适当的性生活有益于女性身心健康。

一、性生活疼痛怎么办

阴道干涩、疼痛，可以局部使用润滑油，阴道用雌激素制剂，口服补充天然雌激素，会早期预防外阴阴道的退化。重要的是，在问题出现时，尽早到更年期门诊评估。

二、更年期性生活可以多久一次

视情况而定，无更年期症状的女性，以性生活后次日不感到疲劳、精神状态良好为宜。对于已经出现性生活疼痛等症状的女性，应循序渐进，在症状缓解的前提下逐渐恢复性生活。

三、性生活后反复阴道炎、尿路感染怎么办

应该停止性生活，就诊治疗，炎症治愈后，在更年期保健药物的帮助下逐渐恢复性生活。

四、有什么方法可以改善性生活质量

除了更年期保健治疗外，推荐坚持凯格尔运动，促进盆底肌肉功能，可以有效提高性能力。另外，坚持运动，锻炼至出汗，晒太阳补充维生素D，补钙，从而维持骨健康，保持良好的社交活动和心理状态，这对性健康非常有益。

第七节 更年期子宫肌瘤、卵巢囊肿、子宫腺肌病相关问题

患者："医生，我今年体检查出子宫肌瘤，要不要紧啊？要做手术切掉吗？"

医生："多大的肌瘤？您有什么症状吗？"

患者："有3厘米大，我没啥感觉，就是查出来之后总是想着这个事，有点担心呀。"

医生："您还有月经吗？"

患者："去年还好，今年有点稀稀拉拉的，有时候一两个月不来。"

医生："来的时候月经量是正常的吗？"

患者："跟之前差不多。"

医生："您之前做过B超吗？有肌瘤吗？"

患者："3年前做过，那时候没说有瘤子啊。"

医生："好的，您体检发现一个肌瘤，不大，又没有什么月经改变、腹痛这些症状，建议先观察。您的月经已经不规律了，可能是到了更年期，可以观察，之后如果月经不来了，也要定期复查B超，如果这个瘤子没有越来越大，一般不影响您，不需要做手术哈。"

医生说

围绝经期是指妇女绝经前后的一段时期，包括从临床特征、内分泌及生物学方面开始出现卵巢功能减退的征兆，至末次月经后一年。围绝经期妇女是子宫肌瘤、卵巢囊肿的高发人群，因为子宫内膜异位症的病程规律，也是子宫腺肌病高发和表现出典型症状的阶段。因该部分人群性激素水平及生理特征的特殊性，长期以来，对于围绝经期妇女妇科疾病常常陷入两个误区，一是认为临近绝经，伴有月经改变、异常流血是正常现象，肌瘤、囊肿等绝经后即会消退，可以等待自然绝经。二是在治疗中过于积极，肌瘤、腺肌症通通切除子宫，一了百了。实际上，围绝经期女性的生殖健康非常值得关注，结合患者的病史、现在疾病的情况和对生育、生活的需求可以采取个体化策略。

多懂"医"点

一、围绝经期子宫肌瘤

子宫肌瘤是雌激素依赖性肿瘤，总体来说，随年龄增长，其生长速度下降。围绝经期尤其是绝经后，子宫肌瘤可发生萎缩，发病率降低。大部分子宫肌瘤无明显临床症状，可不予治疗，但20%~25%子宫肌瘤可能导致异常子宫出血、贫血及不孕等症状，需要治疗。子宫肌瘤常用的治疗方法包括期待疗法、药物治疗、手术治疗及近些年逐渐出现的新的治疗方法。一般来讲，对于无明显症状或症状轻微的，子宫小于孕12周的围绝经期子宫肌瘤适合选择期待疗法。对于症状严重者，如伴有明显的月经量过多、贫血，或者压迫症状明显，增长速度过快，或者黏膜下肌瘤等仍需积极手术治疗。围绝经期伴有月经改变的女性，有子宫内膜非典型增生和子宫内膜癌风险，建议积极治疗。围绝经期患者常合并异常子宫出血，且大部分已完成生育，可行手术治疗。对于肌瘤多发、体积较大、症状严重的患者，子宫切除术是较常选择的方式。

二、围绝经期卵巢囊肿

围绝经期女性卵巢囊肿发病率高，大多数为良性，但是由于卵巢深藏于盆腔，迄今仍缺乏简单、有效、早期诊断卵巢肿瘤的手段，70%以上初诊卵巢癌患者已属中、晚期。因此，无症状的、首次发现的卵巢囊肿，经过医生的仔细鉴别，可予以短时间的观察（3~6个月），等待其自然消失。在监测过程中，如果囊肿持续存在，仍建议手术治疗去除囊肿，明确病理诊断。如果围绝经期卵巢囊肿伴随异常阴道流血、肿瘤增长迅速、超声检查为囊实性成分伴或不伴腹水、CA125增高等情况，需要考虑是否为恶性肿瘤，是否需要立即采取手术治疗。除外黄体囊肿、卵泡囊肿等，大多数卵巢囊肿，尤其是病理性囊肿在绝经后并不会随着激素的下降而消失。相反，绝经后也是卵巢上皮性肿瘤、卵巢性索间质肿瘤、卵巢转移性肿瘤（结肠癌卵巢转移、库肯勃瘤）常见的发病阶段，因此需额外重视围绝经期的卵巢囊肿，切忌采取观望等待的心态。

三、围绝经期子宫腺肌病

子宫腺肌病常常伴随有严重的痛经和经量增多。在围绝经期，未有效管理的患者常常伴有十年以上的病程，这时候由于卵巢激素的影响，常常出现非常凶猛的出血，或者因长期慢性失血导致患者表现出重度贫血。由于子宫腺肌病也是激素依赖性疾病，对于完全没有临床症状的患者，可考虑在严密监测下观察，等待绝经后子宫萎缩，子宫腺肌病恶变风险低。但并不代表不会恶变，这常常与病程时间长、CA125水平异常增高、疼痛症状改变、腺肌瘤生长速度过快等有关。围绝经期合并贫血的子宫腺肌病的管理，首先需要纠正贫血，行诊刮止血并子宫内膜病理检查。因为患者常常伴有子宫体积的异常增大，需要同时管理痛经和月经过多，后续可采用GnRH-α+左炔诺孕酮宫内缓释系统（曼月乐）治疗，或者行高强度聚焦超声（HIFU）治疗，对于症状严重、无生育要求或药物治疗无效者，应行子宫全切术。

第八节 更年期女性中成药的选用

从传统医学的角度来看，女性的生殖功能由肾主管，而"肾精"就是决定我们衰老与否的重要物质。肾精充沛，则生殖健康状态维持良好；若因为先天肾精不足或者后天损耗太过，则会出现生殖功能提早衰退、更年期提前、更年期不适症状加重等临床表现。中医对于更年期各类不适症状（如月经不调、痛经、头晕心悸、失眠心烦、潮热盗汗、腰膝酸痛、耳鸣耳聋、尿频尿痛等）也是从补养肾精的角度进行调治。在选择更年期补益药物的剂型时，通常选择散剂或者丸药，这样方便贮存，同时可灵活控制药量并且适合长期服用。下面科普几种在药房常见的更年期可用的补益药物，帮助大家更好地选择对症的药物。

一、六味地黄丸

六味地黄丸是滋补肾阴的重要代表方之一，是由干地黄、山茱萸、山药、泽泻、茯苓、牡丹皮六味中药以一定比例打粉，用蜂蜜制成丸药而成。适用于更年期肾精亏虚所致的手脚心发热、口干舌燥、盗汗、烦躁失眠、眩晕、耳鸣、腰膝酸软等症状，是更年期女性补益的基础方，后面介绍的地黄丸类丸剂，均是在此基础上化裁而成。

二、杞菊地黄丸

杞菊地黄丸是由六味地黄丸加枸杞子、菊花而成，除了治疗更年期常见症状，还可养肝明目，缓解或治疗更年期肝肾不足引起的诸多症状，如更年期出现眼睛干涩、畏光、迎风流泪、视物模糊等症状，可选择服用。

三、桂附地黄丸（肾气丸）

肾气丸是由六味地黄丸加肉桂、制附子而成，具有温补肾阳的作用，适用于怕冷、腰膝酸痛、夜尿频多、晨起眼睑浮肿、睡前下肢浮肿等症状的更年期女性。

四、知柏地黄丸

知柏地黄丸为滋阴降火的基础方，是六味地黄丸加知母、黄柏而成，针对更年期出现形体消瘦、潮热盗汗、两颧潮红、五心烦热、口干咽痛、口腔溃疡、小便短赤、耳鸣等虚火偏旺症状的女性。

五、丹栀逍遥丸

丹栀逍遥丸由牡丹皮、栀子、柴胡、白芍、当归、白术、茯苓、薄荷、炙甘草组成，具有疏肝解郁、清热调经的功效。适用于更年期两颧潮红、口干舌燥、潮热、烦躁易怒、情绪低落，喜叹息，胸闷胁痛，心烦失眠；或素有胃炎，出现食欲不振、口苦反酸，嗳气频繁，食后腹胀加重；或月经总提前且经行不畅，经前或经期乳房胀痛的女性。

六、麦味地黄丸

麦味地黄丸是由六味地黄丸加五味子、麦冬而成，滋阴敛汗的效果明显，适用于出现夜间盗汗、头晕耳鸣、口干舌燥的更年期女性，或者素有呼吸系统疾病及消耗性疾病（如慢性支气管肺炎所致干咳、糖尿病所致口干等）。

七、坤泰胶囊

坤泰胶囊是由熟地黄、黄连、白芍、黄芩、阿胶、茯苓组成，具有滋阴清热、安神除烦的作用，适用于更年期潮热面红、自汗盗汗、心烦不宁、失眠多梦、腰膝酸软、手足心热，尤善治疗更年期妇女卵巢功能衰退所致的更年期综合征。

八、服用补益类丸剂的注意事项

(1)正在感冒发热不要吃补药。

(2)有未治愈的各类疾病时，不要随意选择补药。

(3)糖尿病血糖控制欠佳时，谨慎服用丸剂(因丸剂中有一定浓度的蜂蜜成分)。

(4)本文仅用于科普推广，提供给更年期女性进行常见药物的选择，若服用中成药出现不适症状加重，或规律服用1个月以上后症状无明显缓解，建议寻找专业中医生进行面诊，以确保疗效。

第九节 更年期关节疼痛是怎么回事？

女儿："妈妈，你最近走路的姿势有点不对，你膝关节怎么了？"

妈妈："最近总是觉得膝关节痛。看了各大医院骨科、关节科、风湿免疫科、疼痛科等，做了验血、X线片、CT、磁共振等各项检查，没有什么问题。"

女儿："有没有可能是更年期导致的。听听医生怎么说吧。"

医生说

骨关节疼痛是更年期常见症状，是由于雌激素缺乏引起的。雌激素对骨和关节有保护作用。缺乏时，骨和关节保护作用消失，可能会出现骨关节炎，导致疼痛、关节僵硬、肿胀、活动受限甚至畸形及功能障碍。这种关节疼痛通过补充性激素治疗后，疼痛症状会明显改善。

多懂“医”点

一、更年期关节疼痛的特点

通常没有固定的疼痛部位，可能今天这里疼，明天那里疼。肩关节、膝关节、腰髂关节、指关节、趾关节等都可发生疼痛。其中疼痛发生频率比较高的是肩关节，也被叫作“五十”肩。

二、更年期关节疼痛的原因

低剂量的雌激素可改善骨、关节的再塑形，对膝盖和髋部关节有保护作用。当雌激素水平明显降低时，骨和关节失去了保护，可能会出现骨关节炎，导致疼痛。

三、更年期关节疼痛怎么治疗

（1）控制体重。超重或肥胖会给关节过多的压力，进而加剧关节老化，引起疼痛。因此减肥是管理疼痛的第一步。

（2）运动。适当的运动方式能缓解疼痛。开始时可以原地进行伸展或者活动关节，当身体适应后，可进行一些简单的健身操。如果出现关节肿胀，可以适当休息一两天，也可根据自身情况进行游泳、骑自行车之类的低强度运动。

(3)按摩和理疗。按摩和理疗除了舒缓肌肉紧张、维持关节的活动范围、改善关节僵硬，还能促进局部血液循环，加速新陈代谢，对疼痛的缓解具有积极作用。

(4)激素补充治疗。有适应证无禁忌证的更年期女性，必要时可选择激素补充治疗以缓解骨关节疼痛。

第七篇

疾病防治篇

第一节 我怎么会得畸胎瘤，是我的双胞胎姐妹吗？

悬疑恐怖片《致命感应》中，女主角身边莫名发生死亡事件，她的丈夫、朋友都被极其残忍地杀害。女主角隐约觉得这和自己童年想象出来的恶魔有关。后来经多方调查发现，女主角“想象的恶魔”竟然是头上长的一个孪生的畸胎瘤！从科学的角度来讲，这可能吗？

医生说

畸胎瘤是卵巢生殖细胞肿瘤中常见的一种，它并非妇女怀了怪胎以后演变成肿瘤，或者是寄生在患者体内的孪生兄妹，而是人体卵巢内本身幼稚的生殖细胞发生变异而形成的肿瘤。它可以分化成人体器官的组织成分，如毛发、油脂、皮肤、牙齿，骨片，也可能是有肌肉、胃肠、甲状腺等组织，与妊娠毫无关系。由于这些组织成分与人体正常组织成分十分相似，尤其是毛发、骨骼等，各种各样的组织胡乱排列，有点像发育畸形的“胎儿”，故称畸胎瘤，但其本质就是肿瘤，而不是生育了“怪胎”。

畸胎瘤分为成熟畸胎瘤和未成熟畸胎瘤。成熟畸胎瘤为良性，可发于任何年龄，以20~40岁居多。未成熟畸胎瘤为恶性肿瘤，是比较少见的，好发于青少年。畸胎瘤除了出现在卵巢上，还可能出现在颅内、甲状腺、胃、骶尾部、腹膜后等。

真正的畸胎瘤不可能和人体争夺大脑的使用权，但确实可能长在头部，引起压迫症状或其他精神类症状。

一旦发现，建议进行手术治疗。

多懂“医”点

一、畸胎瘤与孪生兄妹无关

畸胎瘤就是一种起源于生殖细胞的肿瘤。由于卵细胞具有全能分化功能，过度增生，就形成了肿瘤。卵细胞未经过受精，所以说“它是患者的双胞胎兄弟姐妹”是不成立的。在临床中，我们偶尔可以见到罕见的寄生胎，其是双胎发育过程中的罕见变异，并非畸胎瘤。真正与妊娠有关的肿瘤有葡萄胎、恶性葡萄胎和绒毛膜上皮癌。

二、畸胎瘤是与生俱来的吗

畸胎瘤并非与生俱来，它是生殖细胞不正常分化的结果。它的发病年龄，小则是刚出生的新生儿，老则是90多岁的绝经后女性。卵巢畸胎瘤一般容易发生在生育期的年轻女性身上，目前病因不明，并没有观察到和遗传相关。

三、畸胎瘤在男性身上也多有发现

畸胎瘤的名字容易让人误解，一个“胎”字让人联想起怀孕，但事实上，只是生殖细胞肿瘤，男性也可以患畸胎瘤，与妊娠没什么关联。

四、发现畸胎瘤应建议手术切除

畸胎瘤一旦被发现，医生都建议切除。它一般不能自行吸收消失，未成熟畸胎瘤需病理诊断才能确诊，一旦确诊需手术切除。

五、切除畸胎瘤后，是否会对生育造成影响

切除手术一般不会过度损伤卵巢组织，对生育影响不大，但多发或者巨大畸胎瘤会侵蚀卵巢组织，可能导致卵巢功能被严重破坏。

六、如果是恶性肿瘤怎么办呢

未成熟畸胎瘤虽为恶性，但对化学药物治疗（化疗）敏感，手术+化疗大部分效果很好，未生育患者在评估后还可能保留生育功能。

第二节 宫颈糜烂会变成宫颈癌吗?

患者1:“我今年的体检报告单显示宫颈轻度糜烂,这是什么意思?”

患者2:“我的体检报告单显示宫颈中度糜烂,不会很严重吧?”

患者3:“我的体检报告单显示宫颈重度糜烂,不会是宫颈癌吧?”

患者1、患者2、患者3:“我们一起听听医生怎么说吧。”

医生说

宫颈糜烂与女性激素水平有关，大部分是宫颈柱状上皮异位，妇科检查时外观表现为糜烂样，多属正常生理现象。

宫颈糜烂是过去的错误认识，现在已经取消该病名了。

宫颈炎、宫颈癌前病变和早期宫颈癌也可表现为糜烂样外观，需要通过细胞学、HPV检查等去筛查宫颈病变。

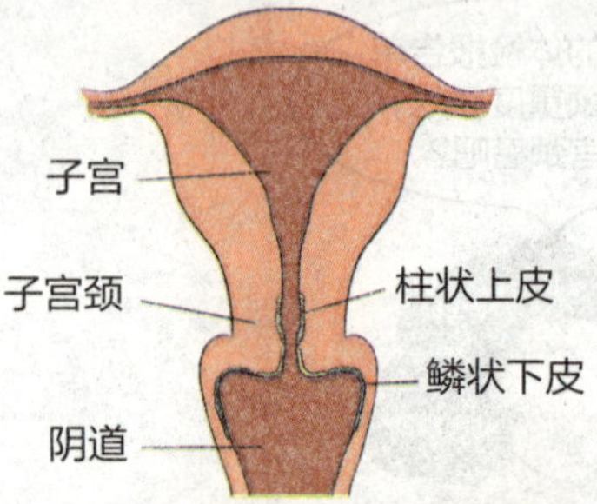

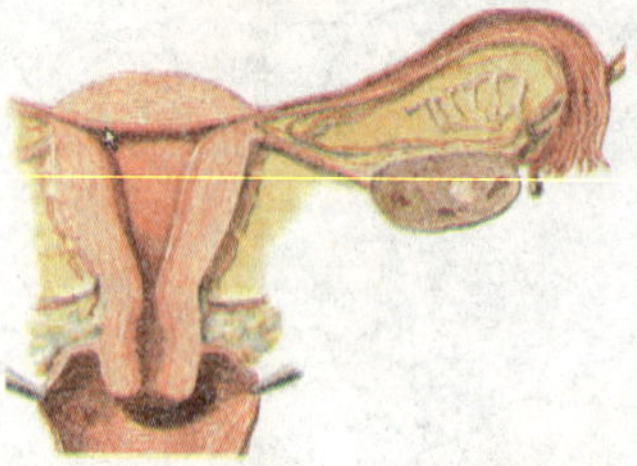

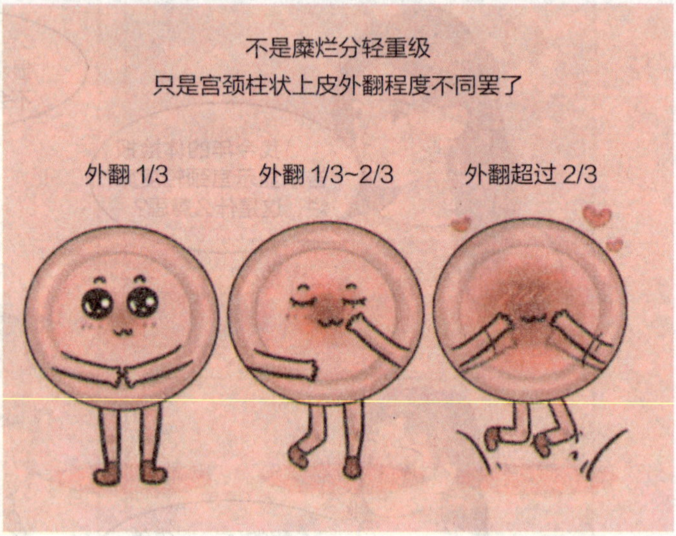

多懂"医"点

宫颈糜烂需要治疗吗

单纯的宫颈糜烂，如不合并高危型HPV感染，并不会导致宫颈癌的发生。有性生活的女性，根本不需要纠结自己的宫颈是糜烂还是光滑，而应定期接受宫颈癌的筛查，以防漏掉宫颈癌前病变和早期宫颈癌。

查出宫颈有肉眼可见的糜烂样改变，需要进一步辨别。如果只是由于宫颈柱状上皮异位所致，无需处理；如果宫颈有炎症或怀疑癌前病变等，则需要进一步诊治。

第三节 关于盆腔器官脱垂那些事

妈妈：“我的子宫好像掉出来了。”

女儿：“子宫掉出来了？妈妈，这怎么可能？”

妈妈：“生孩子就有这个可能。”

女儿：“我陪你一起去找医生看看。”

医生说

女性的盆腔由肌肉、筋膜、韧带及其神经形成的盆底组织支撑我们肚子里的器官，如果这个支撑组织因为自身力量减弱，不足以支撑我们的盆腔器官，那么就会发生器官脱垂。

盆腔器官脱垂是指盆腔器官脱出于阴道内或阴道外，包括阴道壁脱垂，子宫脱垂，膀胱、尿道脱垂。器官一旦脱垂会影响我们的生活质量，因为掉出的器官会导致女性活动受限，暴露在外的器官还可能因为长期与内裤摩擦导致破溃出血甚至病变，因此造成的心理负担也将长期折磨我们。特别是伴随有尿失禁的女性，需要长期使用尿不湿，不敢出远门、不敢随意大笑和运动。

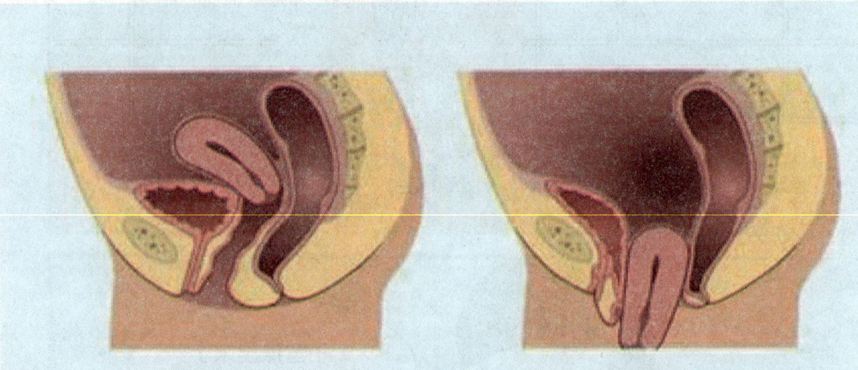

正常　　子宫脱垂

导致我们出现盆底支撑功能减弱的原因有以下几点：①怀孕分娩。怀孕次数多，困难的生产，产后过早行体力劳动等都对盆底肌有损伤。②造成腹压增大的生活习惯。比如长期慢性咳嗽、肥胖、长期重体力劳动、长期便秘等，因为增加腹部压力而增加盆底组织的压力，长年累月导致功能减弱。③年纪增长。衰老后肌肉、筋膜、韧带的支撑能力减弱，支撑结构萎缩，也可以导致盆底结构的松弛。

多懂"医"点

一、如果子宫脱垂了，怎么办

1. 轻微脱垂可以进行康复训练

更年期特别是绝经后女性，盆腔器官脱垂现象会加重，应在年轻没有出现明显症状时就开始盆底肌肉训练。目前最常推荐的盆底肌肉训练是凯格尔运动，又称骨盆运动或缩、提肛运动，是1948年由美国的阿诺·凯格尔医生发明的。具体做法：将双手交叉放置于肩上，双脚的脚尖呈90°，脚跟内侧与腋窝处一起用力夹紧，保持5秒，然后再放松。重复动作20次以上。此运动可以在站立、步行、办公或者是乘车时同步进行。

另一项康复训练需专业人士和仪器辅助，比如生物反馈治疗、电刺激治疗、磁刺激治疗等。目前此类训练在市场上鱼龙混杂，需到正规医院的专科咨询，在专业医生或技师的指导下进行。

2. 较为严重的脱垂可以手术治疗

如果是比较严重的盆腔脏器脱垂，康复训练作用有限，不能完全解决问题，那么就需要去医院盆底专科就诊治疗。这类情况往往需要手术才能快速有效地解决问题。目前诊断盆腔器官脱垂的手术方式也有很多种，医生会根据患病女性的脱垂特点选择合适的治疗方案，患者也可以根据自身的需求和医生详细沟通。

3. 都不适宜的话，还可以选择子宫托

如果康复训练效果不明显，又不想选择手术，那就选择上子宫托。子宫托是一种生物硅胶材料，方法简单易学，患者容易掌握，可迅速解决因器官脱垂导致的摩擦衣裤、不方便出门等问题，但是需勤加护理。

二、盆底健康提前重视，难言之隐不要隐藏

几乎每位女性都要经历生育、衰老的过程，盆底肌功能减弱是我们每个人都会

面临的问题。我们在年轻时要重视这个问题，年老时要勇敢面对这个问题。疾病重在预防，在日常生活中要多注意避免增加腹压的一些行为，怀孕期间控制自己及胎儿的体重，降低难产发生的风险，尽量减少盆底肌的负荷。日常生活中有意识地进行盆底康复训练，锻炼自己的盆底肌肉。定时体检，在产后或有轻微器官脱垂症状时，及时去医院寻求专业医生的帮助和指导。切不可因大意留下隐患。如果确实出现较为严重的脱垂而影响生活，不能因为害怕是“难言之隐”而有所顾忌，甚至耽误治疗。家人应该给予充分的理解和关心，消除患者的心理负担。

第四节 得了妇科肿瘤，会遗传给孩子吗？

患者：“医生，我这么年轻就诊断了宫颈癌，我妈妈以前也是宫颈癌，我女儿不会有事吧？”

医生：“您妈妈是哪种类型的宫颈癌？现在情况还好吗？”

患者：“好像是还比较早，鳞癌啥的，做了手术现在十多年了，还行。”

医生：“您的女儿现在多大了？”

患者：“7岁，还小呢，我好担心啊，这个病会遗传吗？”

医生：“一般来说，宫颈鳞癌是HPV感染引起的可能性大，可能每个人对这个病毒的抵抗力不同，持续高危HPV感染容易患病，但是宫颈癌一般不遗传。”

患者：“那就好，那我女儿到时候会不会得病？”

医生：“宫颈癌现在有HPV疫苗可以预防，到时候您女儿满了9岁就可以去打疫苗了，打了疫苗加上成年以后有性生活了坚持定期筛查就可以将她患宫颈癌的风险降到很低啦。”

患者：“那太好了，那卵巢囊肿之类的会遗传吗？”

医生：“我们来看看妇科肿瘤会不会遗传给孩子吧。”

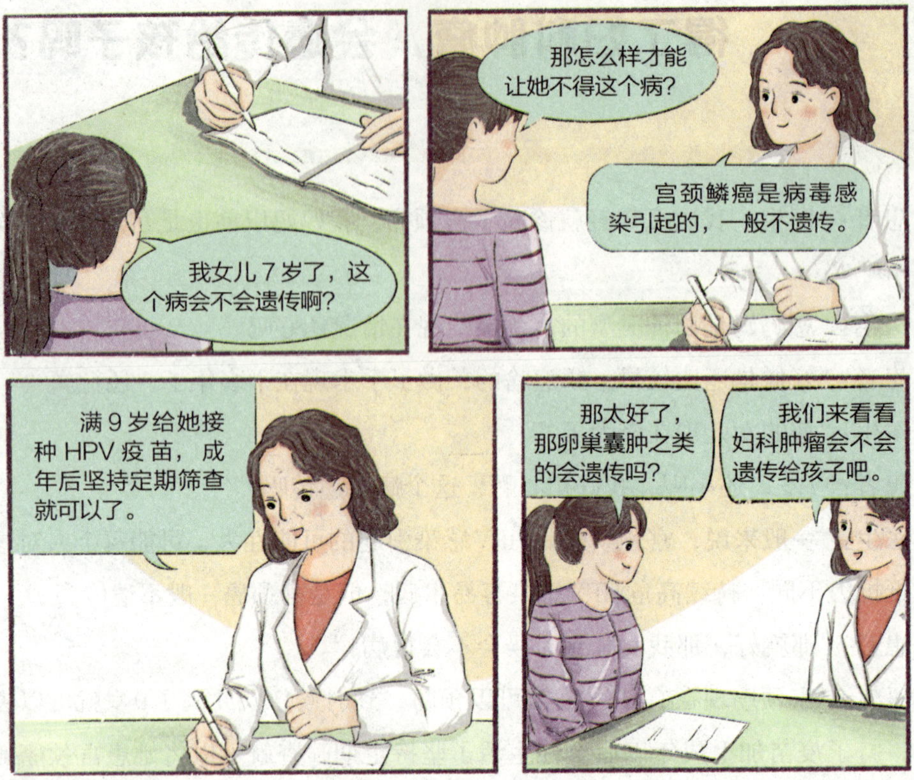

医生说

肿瘤是一种比较特殊的多基因疾病，和基因的损伤修复失衡有关。肿瘤的发生发展不仅与遗传因素有关，还受多种环境因素的影响，物理（X线、紫外线），化学（吸烟、饮酒、接触苯等毒物）和生物（病毒、生物毒素）环境因素的暴露均会启动和加速癌症的发生发展。在肿瘤的流行病学研究中，我们看到不同人群的高发肿瘤谱不一样，且有些家庭中一些肿瘤相对集中，如果排除了环境因素的影响，就不难看到遗传因素在其中起到的作用。

一般来讲，对于绝大多数肿瘤来说，肿瘤形成的遗传变异是体细胞突变，即局部细胞组织的变异，体细胞突变一般来说是不会遗传的。当然，肿瘤的发生发展过程非常复杂，体细胞突变产生的肿瘤可能也有遗传因素参与的作用，但是不会出现代代相传的现象。我们常说的遗传性肿瘤则源于胚系基因突变，即生来所有的细胞中均携带的变异。在肿瘤中，高外显率基因突变导致的常染色体显性遗传肿瘤比例占5%~10%，具有家族史的肿瘤发生占10%~15%。这个比例不算高，但是也不容小觑。在有些遗传性肿瘤中，父母患癌症，子女患癌症的概率呈现孟德尔遗传规律，如*BRCA1/2*的突变会导致乳腺癌或卵巢癌的发生，*MSH2*等基因突变会导致结肠癌。这类遗传性肿瘤类似于单基因遗传病，但是也不完全由单基因决定，还存在外显不全的情况，例如含有*BRCA1/2*基因突变的个体也不是百分百地患有乳腺癌，也要受到其他基因变异和环境因素的影响。遗传性肿瘤不仅仅具有家族聚集性，而且一般发病较早且双侧发病。这类遗传性肿瘤是可以通过基因检测和遗传咨询进行早期预防和治疗的，也可以进行进一步的基因检测指导下的试管婴儿和产前诊断，避免带有致癌基因的下一代产生。

多懂“医”点

一、常见的妇科肿瘤哪些会遗传、哪些不会遗传

根据前文所述，妇科肿瘤中具有家族史的肿瘤发生率为10%~15%，因此，大多数妇科肿瘤不会遗传。在妇科良性肿瘤中，卵巢囊肿、子宫肌瘤、卵巢良性生殖细胞肿瘤的产生可能和基因相关，但是一般认为不会遗传。宫颈癌绝大多数与HPV感染相关，不会遗传。非HPV相关的宫颈癌中，宫颈微偏腺癌可能和波伊茨-耶格综合征（P-J综合征）相关，后面会具体讲述。随着研究的深入，子宫内膜癌、输卵管癌、卵巢癌等肿瘤及滋养细胞肿瘤和遗传因素的关系逐渐显现，虽然能通过基因检测找到突变基因的肿瘤还是只占此类肿瘤的少数，但针对这一部分患者的管理非常重要。如针对胚系的变异，我们可以进行遗传性肿瘤风险评估，针对未发病和直系亲属发病风险进行精准预防管理，对于已经确诊患者进行精准医疗和预后分析。对于体细胞变异，利用基因功能及致病机制研究结果，我们可以开展肿瘤的早期诊断、精准治疗和精准康复，在一些晚期肿瘤和耐药/复发性肿瘤中，这可能是给患者带来生存希望的唯一途径。目前妇科肿瘤中可能和遗传因素有关的疾病有遗传性乳腺癌/卵巢癌综合征、林奇综合征、李-佛美尼综合征和PTEN错构瘤综合征、P-J综合征和家族性完全性葡萄胎。

二、为了降低后代罹患肿瘤风险，我们应该如何应对

良性的妇科肿瘤一般无需担心，建议子女按常规体检的要求进行体检即可。对于妇科恶性肿瘤，随着基因检测技术和精准医学的进展，妇科肿瘤医生一般会在术后常规病理结果出来之后，根据患者的病史、家族史，肿瘤的类型、分期等情况，综合建议是否需进行基因检测。基因检测方法很多，不同的肿瘤检测方法不一样，有的需要甲基化分析，有的需要实体肿瘤细胞检测，有的需要抽取患者的血液样本进行胚系检测，检测结果出来后由妇科肿瘤医生进行解读分析，如有异常可能还需要进一步找专业的医生进行遗传咨询。妇科肿瘤医生要扮演好“守门员”的角色，既不能无故加重患者的恐慌，又不能遗漏相关遗传性肿瘤的风险，为患者和家人保驾护航。

在常见的妇科肿瘤中，根据发病的原因不同，医生对基因检测和遗传风险的估计会有不同的推荐。如宫颈癌大多数与HPV感染有关，故医生一般会建议患者的后代尽早接种HPV疫苗，并且按要求定期筛查，这样可以非常好地规避子代罹患宫颈癌的风险。非HPV相关的宫颈腺癌，如宫颈微偏腺癌，医生要仔细排查是否符合P-J综合征，如果基因检测支持，因该病罕见，建议转诊至有诊治经验的治疗中心，进行P-J综合征相关的肿瘤监测及筛查。子宫内膜恶性肿瘤少部分与林奇综合征相关，目前建议所有的子宫内膜癌患者进行分子分型。尤其需要医生采集患者的个人史和家族史进行分析，一旦诊断林奇综合征，家族女性成员从30~35岁开始，或从家族成员首次确诊任一林奇综合征相关肿瘤最早年龄前5~10年开始，每年进行子宫内膜取样和经阴道超声检查，以筛查子宫内膜癌和卵巢癌。建议在其生育结束时或在40岁时对其进行预防性子宫切除术和附件切除术。家族成员无论男女建议在20~25岁或比家族中最早诊断结直肠癌的年龄小2~5岁开始每年进行结肠镜检查。在30~35岁开始胃镜检查联合胃窦活检，以早期筛查和发现结直肠癌及胃癌。对于遗传性乳腺癌/卵巢癌综合征患者，建议同家族女性成员25岁开始每年进行一次乳腺癌MRI筛查、血清CA125监测及经阴道超声检查。预防性输卵管-卵巢切除是最有效降低卵巢癌风险的策略，对于*BRCA1*突变基因携带者，建议35~45岁进行双侧输卵管-卵巢切除，*BRCA2*突变基因携带者建议40~45岁行输卵管-卵巢切除。预防性输卵管-卵巢切除术后标本甚至可以发现3%~8%的隐匿性恶性肿瘤，可最大限度地降低患者罹患卵巢癌的风险，同时降低总体病死率。

第五节 女性需要知道的宫颈癌筛查

患者1：“我就是来做个妇科体检，医生说我宫颈光滑，应该没问题，但是给我做了HPV和TCT检查。”

患者2：“我有一次同房的时候，出了点血，上次看医生，做了HPV和TCT检查，今天结果出来，还让我做个阴道镜，我不会得了宫颈癌吧。”

患者1、患者2：“为什么我们都做了HPV和TCT检查？听听医生怎么说吧。”

医生说

宫颈癌居女性生殖道恶性肿瘤第一位。有明确的致病因素，即高危型人乳头瘤病毒（HPV）持续感染。从HPV感染到进展为宫颈癌需要经过感染—癌前病变—癌的相对缓慢过程，在这几年或是十几年的时间里，可以通过筛查早期发现病变。因此宫颈癌是可以通过预防HPV感染、筛查、治疗而预防的一种恶性肿瘤。

宫颈癌筛查分三步：

第一步：HPV检测和细胞学（TCT）检查。HPV检测是检测有无HPV高危型病毒感染。TCT检查是检查宫颈细胞是否发生了异常变化。如果都正常，恭喜你，过两年再查吧。有异常，进入第二步。

第二步：阴道镜检查。将宫颈、阴道放大看，观察宫颈表面是否存在异常变化，如果有问题，在阴道镜指引下取活体组织，进入第三步。

第三步：组织病理学检查。将阴道镜下取的组织，在显微镜下进一步做出明确的诊断，确定是否有病变或是否为恶性。

多懂“医”点

多少岁开始需要做宫颈癌筛查?

（1）开始筛查年龄：25岁。

（2）25~65岁女性：3~5年一次，HPV筛查，或联合TCT检查。

（3）65岁以上的女性，可以不查，以往检查有问题则按医生建议检查。

医生会参考年龄、有无宫颈癌高危因素（如性生活开始时间早、性伴侣多、既往多次流产史、不良生活习惯等）、临床表现、患者意愿、随访依从性、经济条件、医疗资源、医疗水平等因素进行个体化处理，最大限度地避免漏诊和处理过度。

第六节 青春期有必要接种HPV疫苗吗？

家长1：“学校老师要我给我家闺女预约HPV疫苗，我闺女刚青春期，这么小为什么要打HPV疫苗呢？”

家长2：“听说HPV疫苗要在性生活开始前打才有效果。”

家长1：“HPV有几种，那打哪种比较好呢？”

家长2：“我们去听听医生怎么说。”

医生说

青春期接种HPV疫苗，有必要。

HPV是人乳头瘤病毒的简称，分高危型和低危型。高危型HPV的持续感染是宫颈癌的重要致病因素，而性生活是HPV的主要传播途径。也就是说，有性生活就有大概率感染HPV。

HPV疫苗在第一次性生活之前接种效果更好。年龄越小接种HPV疫苗，诱导出的抗体水平越高，预防宫颈癌的效果也就更好。

HPV感染呈年轻化趋势，据统计，我国青少年初次性行为的平均年龄为15.9岁，初次性行为年龄提早，生殖健康知识不足，缺乏安全保护意识，增加HPV暴露的机会。

世界卫生组织推荐的最佳接种年龄9–14岁，中国专家推荐13–15岁。

多懂"医"点

目前在我国，二价和四价HPV疫苗9岁起就可以接种了。

一、二价、四价和九价有什么区别

预防覆盖的HPV亚型不一样。

二价预防16、18两种高危型HPV感染。这两种导致70%的宫颈癌。

四价预防6、11两种低危型，和16、18两种高危型感染。

九价预防6、11两种低危型，16、18、31、33、45、52、58五种高危型感染。

二价和四价大概能预防70%的宫颈癌和癌前病变。

九价大概能预防90%的宫颈癌和癌前病变。

四价和九价都能预防90%的尖锐湿疣。

二、青春前期女性接种HPV疫苗，安全吗

担心疫苗的安全性是父母不愿孩子接种HPV疫苗的主要原因之一。

HPV疫苗的不良反应，分为局部不良反应和全身不良反应。局部不良反应主要有接种部位疼痛、肿胀、红斑、瘙痒和硬结，多为轻、中度，大多可自然缓解。全身不良反应主要有发热、头痛、眩晕、疲劳、肌肉痛、关节痛和胃肠道症状等，症状多数轻微。

研究结果显示，青春前期女性接种HPV疫苗的安全性和耐受性良好。在全球已经有数亿人次接种，安全性得到了世界卫生组织的认可和推荐。

第七节 关于 HPV 的种种传言

闺蜜1："今年体检有HPV感染，我怀疑老公有问题了。"

闺蜜2："我去年查出来感染了HPV，一直都不敢同房，不敢怀孕。"

闺蜜3："我听医生说没关系的，定期检查就行了。"

闺蜜1、闺蜜2："真的吗？"

医生说

HPV在自然界非常普遍，主要通过性传播，有不洁性生活者有更高的感染风险，但是并不意味着感染就一定有不洁性行为，密切接触也可传播。HPV病毒离开人体后还可存活至少2天，接触传播较常见，尤其是对于皮肤黏膜有炎症破损的、免疫力低下的人群。

HPV家族共有200多个型别，其中与生殖道感染有关的有40余种。HPV分为低危型和高危型。13种高危型与宫颈癌有关，其中约70%宫颈癌与HPV16型和18型持续感染相关。

HPV感染非常常见，约80%的成年女性一生中至少有过1次生殖道HPV感染，但是大多数可被自身的免疫系统清除，清除时间平均为9个月。

多懂“医”点

一、HPV感染能过性生活吗

当然可以，建议使用避孕套，降低感染风险。

二、感染HPV该怎么治疗？可以治愈吗

对于HPV感染，处理策略是“治病即治毒”，即单纯的HPV感染不需要治疗，需要治疗的是HPV持续感染引起的病变。

暂时没有针对HPV的特效治疗方法，主要靠自身免疫力清除病毒，我们只需要提高自身免疫力。

第八节 我打了HPV疫苗，还会得宫颈癌吗？

网友1：“我明明已经打过了九价疫苗，为什么还要我做宫颈癌筛查？”

网友2：“听说打了九价疫苗也没法预防所有病毒，还要不要去打？”

网友3：“猜来猜去，不如直接去问问医生。”

医生说

HPV疫苗虽好，但宫颈癌筛查还是不能少！

HPV疫苗是全球第一个肿瘤疫苗，对宫颈癌的预防作用是显而易见的，但还有几点需注意。

（1）疫苗只能起到预防作用。如果在接种前已经感染了HPV，仍旧有机会引起宫颈病变，建议尽量早接种，在第一次性生活前接种更好。

（2）即使是九价疫苗，仍不能完全覆盖高危型HPV。所谓几价疫苗，是指这个疫苗能够免疫几种HPV亚型，公认的高危型有14种：16、18、31、33、35、39、45、51、52、56、58、59、66和68；其中16型和18型尤其“坏”，它们引起的宫颈癌可以占到70%左右。二价HPV疫苗可以预防16和18亚型的HPV感染。所以，就算打了二价疫苗，还有30%左右的宫颈癌是没有办法通过二价疫苗来预防的。

（3）不是所有的宫颈癌都由HPV引起。宫颈癌病理类型中，鳞状细胞癌占多数，约70%，还有约20%是腺癌，剩下的部分种类繁多，比如腺鳞癌、类癌、肉瘤、癌肉瘤等。HPV与宫颈鳞状细胞癌的因果关系已经得到确认，与宫颈腺癌的相关性也很明确，至于其他病理类型的宫颈癌，目前还不是很清楚。

多懂“医”点

一、已经有过性生活了，打HPV疫苗还有必要吗

有没有性生活都应该尽早接种疫苗。从感染到发展成宫颈癌仍需一段时间，如果已经有了性行为，则建议及早接种，以减少癌变风险。

二、如何预防宫颈癌

最有效的手段是接种HPV疫苗，并且定期做宫颈癌筛查。

尽管HPV疫苗的保护率很高，但也对一小部分人起不到作用。为了万无一失，要定期做宫颈癌筛查（HPV和TCT检查）。

图书在版编目（CIP）数据

更年期妈妈和青春期女儿的健康百科 / 吴颖岚，朱丽琴主编. — 长沙 : 湖南科学技术出版社，2024.3
ISBN 978-7-5710-2667-7

Ⅰ. ①更… Ⅱ. ①吴… ②朱… Ⅲ. ①女性－青春期－家庭教育 Ⅳ. ①G782

中国国家版本馆 CIP 数据核字(2024)第 015049 号

GENGNIANQI MAMA HE QINGCHUNQI NÜ'ER DE JIANKANG BAIKE
更年期妈妈和青春期女儿的健康百科
主　　审：祝益民
主　　编：吴颖岚　朱丽琴
出 版 人：潘晓山
责任编辑：袁　军　汤伟武
出版发行：湖南科学技术出版社
社　　址：长沙市芙蓉中路一段 416 号泊富国际金融中心
网　　址：http://www.hnstp.com
湖南科学技术出版社天猫旗舰店网址：
http://hnkjcbs.tmall.com
邮购联系：0731-84375808
印　　刷：湖南省汇昌印务有限公司
（印装质量问题请直接与本厂联系）
厂　　址：长沙市望城区丁字湾街道兴城社区
邮　　编：410299
版　　次：2024 年 3 月第 1 版
印　　次：2024 年 3 月第 1 次印刷
开　　本：787mm×1092mm　1/16
印　　张：12.75
字　　数：208 千字
书　　号：ISBN 978-7-5710-2667-7
定　　价：58.00 元